혁신의 엔진,

중소기업의 위기와 구조적 대전환과 인재 육성

유형근 지음

YOUNGIN MEDIA

서문 (Preface)

혁신의 엔진, 중소기업의 위기와 구조적 대전환과 인재 육성

1. 문제 제기 및 연구 배경 (The Impetus for Change and the Crisis of SMEs)

오늘날 세계 경제는 디지털 전환(DX), 탄소 중립을 향한 기후 변화 대응, 그리고 글로벌 공급망 재편이라는 세 가지 거대한 구조적 파고에 직면해 있다. 이러한 전례 없는 대전환의 시대에, 경제 성장의 근간이자 혁신의 핵심 엔진인 중소기업(Small and Medium-sized Enterprises, SMEs)은 생존과 도약이라는 이중 과제에 직면하고 있다.

특히 한국의 중소기업은 고금리·고물가로 인한 원가 부담과 내수 침체라는 단기적 위기뿐 아니라, 생산성 저하와 미래 인재 확보의 어려움이라는 구조적 문제에 시달리고 있다. 4차 산업혁명 기술의 급속한 발전은 중소기업에게 혁신의 기회를 제공하는 동시에 기존 산업의 붕괴를 가속화하는 위협으로 작용한다. 이에 따라 단순한 재정 지원이나 일시적 정책만으로는 위기를 극복하기 어렵다는 인식이 확산되고 있다.

따라서 중소기업이 이 구조적 대전환의 물결을 헤쳐 나가고 지속 가능한 성장을 이루기 위해서는 기업 내부 역량 강화와 더불어, 급변하는 산업 환경에 최적화된 인재 확보 및 육성이라는 근본적 해결책이 필수적이다. 본 도서는 이러한 시대적 요청에 부응하여, 중소기업이 직면한 구조적 위기의 실체를 심층적으로 분석하고 이를 미래 혁신의 기회로 전환할 수 있는 실질적이고 구체적인 전략을 모색하는 것을 목표로 하여 집필하였다.

2. 연구의 목적 및 필요성
(The Necessity and Objectives of the Research)

본 도서는 이러한 시대적 요청에 부응하여, 중소기업이 직면한 구조적 위기의 실체를 심층적으로 분석하고 이를 미래 혁신의 기회로 전환할 수 있는 실질적이고 구체적인 전략을 모색하는 것을 목표로 하였다. 본 도서를 집필하기 위해 연구의 목적은 크게 세 가지로 요약할 수 있다.

첫째, 중소기업 위기의 구조적 본질 규명 현재 중소기업이 겪고 있는 어려움을 단순한 경기 침체로 치부하지 않고, 디지털 전환, 산업 재편, 인구 구조 변화 등 거시적 환경 변화 속에서 발생하는 구조적이고 만성적인 문제로 정의하였다. 이를 통해 위기의 본질을 명확히 파악하고, 정책적 대응의 방향성을 제시한다.

둘째, 성공적인 구조적 대전환 모델 제시 급변하는 환경 속에서 생존을 넘어 성장을 도모하기 위해 중소기업이 채택해야 할 혁신 전략을 제시한다. ESG 경영 도입, 신기술 활용, 사업 포트폴리오 재편, 글로벌 시장 진출 등 실질적인 전환 방향을 구체적으로 탐구하였다.

셋째, 미래형 핵심 인재 육성 전략 설계 중소기업 혁신을 실제로 이끌어낼 수 있는 현장 맞춤형 인재상과 이를 양성하기 위한 교육-훈련-채용의 유기적 연계 시스템을 구축하는 방안을 제시한다. 청년층과 기존 재직자의 역량을 제고하고, 숙련 기술을 계승할 수 있는 다층적 인재 육성 프레임워크를 설계하는 데 초점을 맞추었다.

궁극적으로 본 도서에서는 중소기업이 "혁신의 엔진"이라는 본연의 역할을 지속할 수 있도록, 정책 입안자·기업 경영진·교육기관 모두가 활용할 수 있는 명확한 로드맵과 실천적 가이드라인을 제공하는 데 그 필요성이 있다.

3. 도서의 주요 내용 소개 (Introduction of the Book's Main Contents)

본 도서에서는 연구 목적을 효과적으로 달성하기 위해 I장과 II장 2개의 장으로 구분하여 4개의 단원 형식으로 구성하였다.

첫 번째는 중소기업 환경 분석 및 위기 진단 글로벌 및 국내 환경 변화를 거시적으로 분석하고, 인력난·생산성 격차·자금 조달의 어려움 등 중소기업이 직면한 구조적 위기의 현황을 객관적 데이터와 사례를 통해 진단한다. 독일의 히든 챔피언, 일본의 장수기업, 미국의 혁신 스타트업 등 해외 성공 모델과의 비교를 통해 한국 중소기업의 경쟁력과 취약점을 분석하였다.

두 번째는 구조적 대전환을 위한 혁신 전략 디지털 전환을 통한 스마트 팩토리 구축, 저탄소 경제로의 이행을 위한 ESG 경영, 융복합 산업 환경 대응을 위한 사업 포트폴리오 재편 등 구체적 혁신 모델을 제시한다. 또한, 금융 생태계 개선과 글로벌 공급망 리스크 대응 전략을 포함하여 중소기업의 체질 개선을 위한 정책적 제언을 담았다.

세 번째는 미래 인재 확보 및 육성 시스템 혁신을 주도할 핵심 인재의 정의와 요구 역량을 도출하고, 학교 교육-직업 훈련-기업 내 재교육이 유기적으로 연결되는 선순환 인재 생태계 구축 방안을 심도 있게 다룬다. 특히 현장 숙련 기술의 가치를 재조명하고 이를 후대에 전수하는 정책적 제언을 포함했고, 청년·여성·고령 인재의 균형적 활용 방안도 함께 제시하였다.

네 번째는 정책 제언 및 결론 앞선 분석과 전략을 종합하여 정부와 지자체가 추진해야 할 정책 방향과 법·제도 개선 사항을 구체적으로 제시한다. 중소기업의 지속 가능한 성장을 위한 비전을 제시하며 연구를 마무리하여 정리하였다.

Ⅰ장의 내용은 중소기업의 지속적인 발전을 위해 제시된 내용이며, 핵심적인 내용을 정리하면 다음과 같이 4개의 요소로 정리된다.

1) 기술 개발을 통한 혁신 전략(Structural Transformation for Innovation)으로 스마트 팩토리 구축을 통한 디지털 전환(DX)으로 단순 자동화를 넘어, 인공지능(AI), 빅데이터, 사물인터넷(IoT) 기

술을 활용하여 생산성을 극대화하고 맞춤형 생산 시스템을 구축하는 방안을 다루며, 중소기업의 규모와 자원 제약을 고려하여 단계적이고 효율적인 DX 도입 로드맵이 제시하였다.

2) 융복합 산업 환경 대응을 위한 사업 포트폴리오 재편으로 기존 사업의 한계를 극복하고 신성장 동력을 확보하기 위해, 이종 산업 간의 기술 융합 또는 기존 기술의 고도화를 통한 새로운 가치 창출 모델을 제시하였다. 이는 시장 변화에 민첩하게 대응하고 고부가가치 산업으로 전환하는 실질적인 방법을 포함하였다.
3) 체질 개선 및 리스크 대응 전략으로 ESG 경영(환경, 사회, 지배구조) 도입, 저탄소 경제 및 지속 가능 경영 요구에 부응하기 위한 구체적인 실행 방안을 제시하여, 중소기업이 글로벌 공급망에서 경쟁력을 유지할 수 있도록 하는 내용을 제시하였다.
4) 금융 생태계 개선 및 글로벌 공급망 리스크 대응 방안 등의 정책적 제언을 통해 중소기업의 안정적인 기술 개발 환경을 모색하여 제시하였다.

II 장의 내용은 미래형 핵심 인재 육성 시스템(Future Core Talent Development System) 중소기업 혁신을 실제로 이끌어낼 인재 확보와 육성방안을 심층적으로 분석, 검토한 내용을 제시하였고 4개의 요소로 정리하면 다음과 같다.

1) 혁신을 위한 인재 육성 시스템 혁신으로 핵심 인재의 정의 및 요구역량 도출에 관한 내용으로 4차 산업혁명 시대에 중소기업의 혁신을 이끌 수 있는 현장 맞춤형 인재상을 정의하고, 필요한 기술적/비

기술적 역량(예: 융합 사고력, 문제 해결 능력 등)을 구체화하였다.

2) 선순환 인재 생태계 구축 방안으로 학교 교육, 산업 현장의 수요를 반영한 직업 교육 및 학과 개편 방안을 구분하였으며, 직업 훈련은 재직자 및 구직자를 위한 실무 중심의 고도화된 훈련 프로그램을 시행방안을 제시하였고 또한, 기업 내 재교육은 OJT(On-the-Job Training)와 연계된 체계적인 내부 역량 강화 시스템을 제시하였다. 이러한 축이 유기적으로 연계되어 인재가 지속적으로 공급되고 성장하는 선순환 구조를 제시하였다.
3) 숙련 기술의 가치 재조명 및 계승으로 대한민국 산업현장의 숙련기술 명장 등 숙련 기술 인력의 중요성을 강조하고, 이들의 노하우를 청년 세대에게 효과적으로 전수할 수 있는 정책적/제도적 방안을 심도 있게 다뤄 제시하였다.
4) 다층적 인재 활용 방안으로 청년, 여성, 고령 인재 등 다양한 잠재 인력의 역량을 중소기업 현장에 효과적으로 활용하고 이들을 균형 있게 육성할 수 있는 방안을 제시하였다.

4. 기대 효과 (Expected Outcomes)

본 도서는 심층적인 연구 분석과 실 사례를 중심으로 최종적이고 합리적인 결과를 토대로 결론을 도출하고 제시하였기 때문에 중소기업의 당면 과제를 근본적으로 해결하고 미래 경쟁력을 확보하는 데 다음과 같은 기여를 할 것으로 기대된다.

기술 혁신(DX, ESG)을 통해 중소기업의 경쟁력을 강화하고, 이를 뒷받침할 현장 맞춤형 인재를 체계적으로 육성하는 두 가지 축을 중심으로 실현 가능한 전략과 정책 로드맵을 제공하고 있다. 정책 효용성 증대 현장 수요와 구조적 문제를 정확히 반영한 맞춤형 정책 수립의 기초 자료를 제공하여 정책 자원의 효율성을 극대화한다.

기업 경쟁력 강화 제시된 혁신 모델과 인재 육성 프레임워크는 중소기업 경영진에게 실질적 실행 방안을 제공하여 생산성 향상과 사업 구조 고도화를 통한 경쟁력 제고에 기여한다. 지속 가능한 성장 생태계 구축 인재 육성 시스템 개선은 청년층에게 양질의 일자리를 제공하고 기업에는 안정적 인력 공급을 보장하여 국가 경제의 균형 있는 발전을 이루는 초석이 될 것이다.

5. 결론적 메시지

본 도서는 단순히 중소기업의 현황을 진단하는 데 그치지 않고, 위기를 기회로 전환할 수 있는 구체적 전략과 실행 가능한 로드맵을 제시한다. 중소기업이 직면한 위기는 곧 국가 경제의 위기이며, 이를 극복하는 과정은 곧 대한민국의 미래 경쟁력을 좌우하는 핵심 과제이다.

따라서 본 연구는 정책 입안자에게는 실효성 있는 정책 설계의 근거를, 기업 경영진에게는 혁신 전략의 실행 지침을, 교육기관에게는 인재 육성의 방향성을 제공하는 종합적 참고서가 될 것이다.

본, 연구 도서가 중소기업이 직면한 위기를 극복하고, 대한민국의 미래 성장 동력으로 다시금 우뚝 설 수 있는 대전환의 길을 밝히는 등대가 되기를 희망하며 이 글을 마친다.

본 도서 발간을 위해 아낌없는 지원과 독려를 해주신 도서출판 영인미디어 이재홍 대표님, 최윤석 상무님을 비롯한 임직원 관계자님께 진심으로 감사드리고, 특히 도서가 완성되기까지 아낌없이 많은 도움을 주신 경희대학교 이정헌 교수님께 감사의 말씀을 드리며, 언제나 한결같이 격려와 응원 새로운 지식으로 이끌어 주시는 지인과 사랑하는 가족, 지혜를 주신 하나님께 감사드립니다.

2025년 12월

저자 **유형근**

CONTENTS
목 차

Introduction

혁신의 엔진, 중소기업의 위기와 구조적 대전환과 인재 육성

The Engine of Innovation : The Crisis of Small and Medium-Sized Enterprises, Structural Transformation, and Talent Development

21세기 글로벌 경제는 기술 주권(技術 主權)과 혁신 속도(革新 速度)가 국가 경쟁력(國家競爭力)을 좌우하는 시대로 빠르게 재편되고 있다. 특히 인공지능, 반도체, 바이오 등 첨단 산업 분야에서 중소기업의 혁신 역량은 더 이상 경제의 보조적 역할이 아닌, 대한민국의 지속 가능한(大韓民國 持續 可能) 성장을 담보(成長 擔保)하는 핵심 동력(核心動力)이다. 실제로 우리 중소기업은 기업 수 기준 99.9%, 고용 기준 87.5%를 책임지는 국민 경제의 핵심 근간으로서 객관적이고 대체 불가능한 위상(代替 不可能 位相)을 지니고 있다.

그러나 현재 우리 중소기업은 구조적인 난제에 직면해 있다. 대기업 중심의 산업구조 속에서 뿌리 깊은 기술·인재·자금의 3대 불균형(不均衡)에 시달리고 있으며, 피터팬 증후군과 같은 성장(成長) 유인(誘因) 둔화(鈍化) 현상까지 만연해 있다. 여기에 더해 글로벌 공급망 리스크, 강화되는 ESG 및 통상 규제라는 외부적 도전은 중소기업의 지속 가능한 성장 동력을 심각하게 위협하고 있다. 특히, 핵심 기술 인재의 대기업 유출 심화는 기술 단절과 혁신 역량 약화로 이어져 국가 성장 잠재력을 저해하는 심각한 현실이 되었다.

이러한 복합적인 위기를 극복하기 위해서는 단기적인 지원 정책을 넘어, 중소기업을 글로벌 기술 주권과 혁신 생태계를 책임지는 핵심 주체로 도약시키기 위한 근본적인 구조적 대전환이 필수적이다. 본 저서는 대한민국 중소기업의 지속 성장을 가로막는 이러한 구조적 및 환경적 문제점을 심층 진단하고, 위기를 기회로 전환할 실질적이고 구체적인 전략은 물론 중소기업 인재 혁신이 단순한 경제 정책을 넘어 국가 성장 동력의 지속 가능성과 사회적 격차 해소를 담보하는 근본적인 명분을 제공하고 있다.

I 장에서는 중소기업의 위상 및 심각한 현안을 객관적인 자료를 바탕으로 진단하며, 이를 극복하기 위한 기술 및 디지털 혁신(革新), 자본(資本) 및 금융 생태계 개선(金融 生態系 改善), 글로벌 시장 확장 및 리스크 대응의 4대 핵심 전략(核心 戰略)을 정책적 제언(政策的 提言)과 함께 체계적으로 제시한다.

II 장에서는 4차 산업혁명 시대의 가장 중대한 과제인 인재 확보 및 조직문화 혁신에 집중하여, 선(先) 육성(學), 유출 방지(錢), 기술 전수(術)의 3대 요소를 유기적으로 결합한 인재 생태계 구축 방안을 심층적으로 논한다. 궁극적으로, AI 기반의 생산성 혁신과 M&A를 통한 자본의 선순환 메커니즘을 구축하고, 기술 가치 중심의 혁신 금융을 정착시켜, 중소기업이 국내 시장의 한계를 넘어 글로벌 시장을 선도하는 기술 인재 강국 대한민국의 초석(礎石)을 다질 수 있는 구체적이고 실질적인 로드맵으로 기술 인재 생태계의 지속 가능한 성장 기반을 구축하고, 중소기업이 글로벌 경쟁력을 갖출 수 있도록 교육 R&D 산업 현장의 연계 구조를 단계적으로 고도화하는 정책 비전을 제시하고자 한다.

I

CHAPTER

대한민국 중소기업의 지속 가능 성장을 위한 혁신전략

1 | 서론

가. 기술혁신 시대, 중소기업의 생존 과제

21세기 들어 기술은 전례 없는 속도로 세상을 변화시키며, 기업에게 지속적인 발전과 시장 선점을 위한 핵심 기술 개발을 요구하고 있다. 기업들은 이 핵심을 달성하기 위해 전문성을 갖춘 인재 영입에 주력하고 있으며, 교육 분야 역시 새로운 기술 시대에 부합하는 인재를 양성하기 위해 환경과 여건을 빠르게 조정하고 있다. 그럼에도 불구하고, 기술을 기반으로 하는 기업 측면에서 혁신을 주도할 전문 기술 인재를 확보하는 것은 여전히 대한민국 중소기업에게 가장 어렵고 시급한 과제로 남아있다. 저자는 한국 중소기업의 기술 경쟁력 강화를 위해 제시된 기존 정책 초안의 문제점을 분석하고, 논리적 일관성·정책적 수용성·제도적 실행 가능성을 높이기 위해 필요한 개선안을 체계적으로 제시하며 정책에 반영되어 대한민국의 기업이 지속적 발전과 함께 고용 창출을 통한 다양한 경제적 발전이 이뤄지기를 소망한다.

나. 저자의 경험과 연구 목적

본 저자는 대기업과 중소기업에서 전문 엔지니어로 재직한 실무 경험, 현재 대학교에서 정보통신 기술 미래 전문가를 지도하며 얻은 교육 사례, 그리고 대한민국 컴퓨터시스템 명장(전자정보통신 분야 최초)으로서의 권위를 바탕으로 본 연구를 진행한다. 현장 경험과 목소리를 중심으로 인재 확보의 어려움을 분석하고, 특히 우리 중소기업의 지속가능 성장을 위한 혁신적인 기술개발과 성과 창출을 이룰 수 있는 실질적인 인재 확보 및 육성 전략을 구체적으로 제시하고자 한다.

다. 인재의 전략적 중요성, 혁신 성장의 핵심 동력

오늘날 대기업의 위상이 최고경영자의 노력만으로 이룩된 것이 아니듯, 중소기업의 성공적인 혁신과 성장 역시 핵심 인재 없이는 불가능하다. 최고경영자가 기업의 비전과 방향을 설정할 때, 기업에 꼭 필요한 기술개발과 사업화는 숙련된 핵심 인재(Human Capital)의 역량 없이는 단언컨대 불가능하며, 기술 아이디어는 무용지물이 된다. 최고경영자의 비전과 리더십이 성장의 방향타라면, 핵심 인재는 그 방향으로 나아가게 하는 혁신 엔진이자 외부 환경 변화에 대응하는 기업의 면역체계다. 인재는 단순한 노동력이 아니라, 기업의 무형자산(지식(Knowledge), 노하우(Know-how))을 창출하고 지속적인 혁신을 주도하며, 궁극적으로 기업의 생존과 성장을 결정하는 가장 귀중하고 대체 불가능한 전략적 자원이다.

특히, 제한된 자원과 인력으로 경쟁해야 하는 중소기업에게 인재는 더욱 중요하다. 중소기업에게 인재는 자원의 희소성을 극복하고 효율성을 극대화하며, 빠른 의사결정 능력으로 시장의 기회를 선점하게 하는 핵심 동력이다. 숙련된 인재의 역량과 헌신 없이는 중소기업의 생존 자체가 불가능하며, 지속 가능한 혁신 성장을 위한 유일한 희소성 있는 전략적 자산이라고 할 수 있다. **"치열한 글로벌 무한 경쟁에서 생존하고 도약하기 위해서는, 통찰력 있는 지혜와 차별화된 전략은 물론, 다양한 역량과 자원을 하나로 결집시키는 실행력이 필수적이다."**

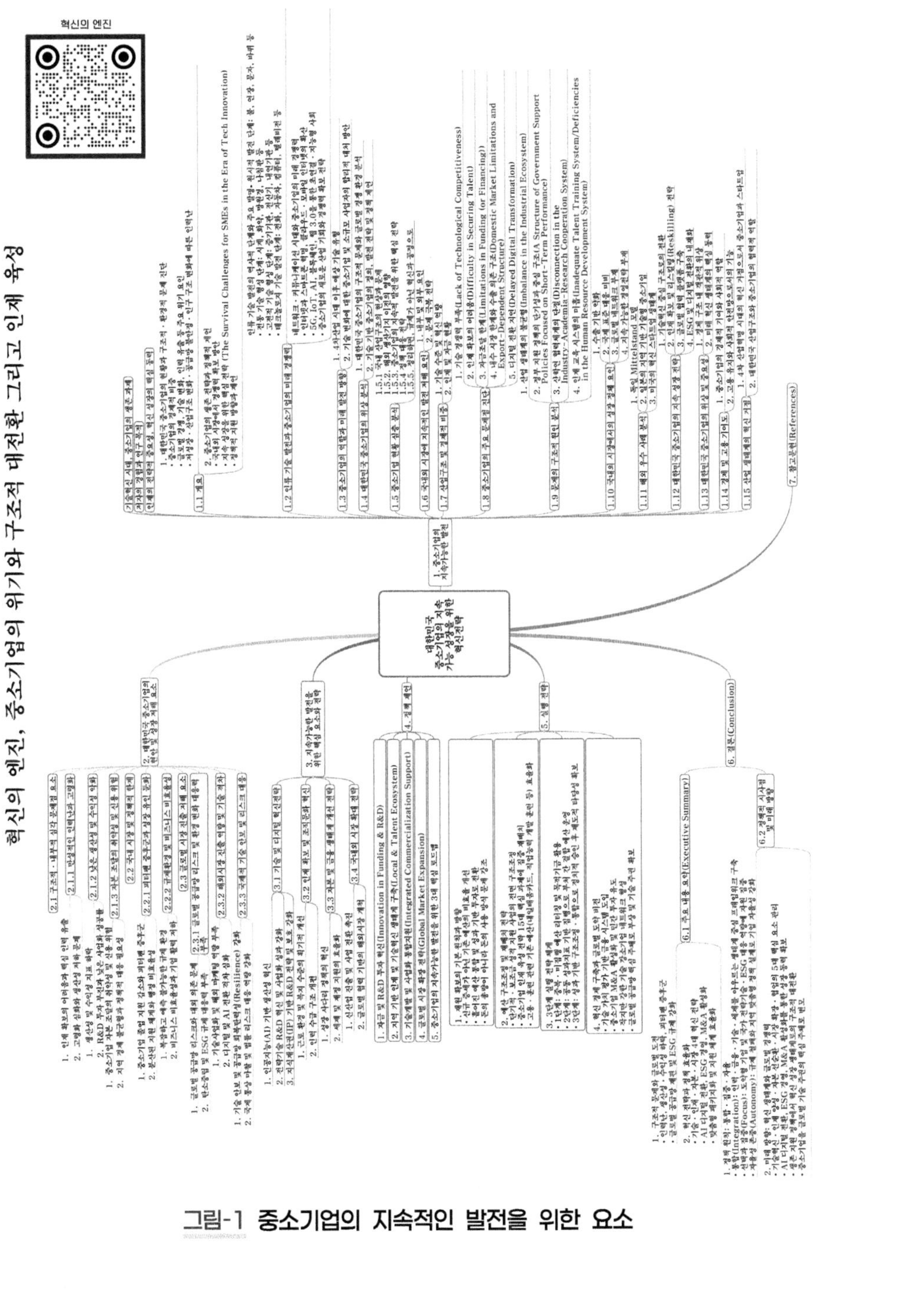

그림-1 중소기업의 지속적인 발전을 위한 요소

1.1 개요

먼저 우리가 중소기업(SMEs:Small and Medium-sized Enterprises)의 중요성에 대하여 정확히 인지하지 못한 부분을 정리하면, 대한민국 경제에서 중소기업은 기업 수 기준 99.9% 이상, 고용 기준 87.5% 이상을 차지하며 명실상부한 경제 생태계의 핵심적인 근간을 이루는 축을 담당하고 있다. 그러나 글로벌 경쟁 심화, 기술 변화, 인력 유출 등 다양한 요인으로 지속 성장에는 한계가 존재하며, 최근 저성장 기조의 심화, 급격한 산업구조 변화, 글로벌 공급망 불안정, 그리고 인구 구조 변화에 따른 만성적인 인력난 등 복합적인 위기에 직면해 있다는 것을 우리 국민이라면 복합적인 위기에 직면해 있다는 것은 널리 인식되는 현실이다. 이러한 문제들은 중소기업이 국내외 시장에서 지속적인 경쟁 우위를 확보하고 성장하는 데 심각한 장애 요인으로 작용하고 있다.

단원 I에서는 대한민국 중소기업이 현재 직면한 가장 심각한 문제점을 구조적 및 환경적 측면에서 진단하고, 분석한 정량적 자료를 통한 사례와 기업의 지속적인 성장을 저해하는 핵심 요소를 국내외 시장 관점에서 분석하는 것을 목적으로 두었고, 또한 우리 중소기업들이 문제점을 극복하고 미래 경쟁력을 확보하여 지속적인 발전을 이룰 수 있는 핵심 전략 (The Survival Challenges for SMEs in the Era of Tech Innovation)과 정책적 제언을 제시하였다.

1.2 인류 기술 발전과 중소기업의 미래 경쟁력

인류 역사상 가장 위대한 발명은 시대마다 다른 모습으로 나타나며 문명의 발전을 이끌어왔다. 기원전 300만 년부터 기원전 1만 년까지의 원시적 발견 단계에서는 불과 연장, 손잡이와 같은 기본적인 도구가 만들어졌고, 문자와 바퀴, 청동, 해시계와 같은 발명은 고대 문명으로 이어지는 기초를 마련하였다.

8세기부터 1650년까지는 전통 기술의 형성 단계로, 시계와 화약, 측지학, 망원경, 지도 제작, 나침판, 외과학 등이 발전하며 과학적 탐구와 실용적 기술이 결합되었다. 이어서 1650년부터 1870년까지는 고전적 기술의 형성 단계로, 증기기관과 파종기, 전기 발전기, 타자기, 비행선, 전지, 전신기, 내연기관 등이 발명되어 산업혁명의 동력이 되었고 생산성과 교통·통신의 혁신을 이끌었다.

1870년부터 1945년까지는 테크놀로지 기술의 발전 단계로 접어들며, 전화와 냉장고, 백열등, 자동차, 무선전신, 비행기, 다이오드, 석유 시추선, 핵의학, 텔레비전, 레이더, 컴퓨터, 전자레인지 등 다양한 첨단 전기·전자 제품이 개발되었다. 이 시기는 중소기업이 탄생하고 사업이 본격적으로 시작되는 시기이기도 했다.

1945년 이후부터 2025년까지는 네트워크와 커뮤니케이션 단계로 구분된다. 이 시기에는 ENIAC과 같은 초기 컴퓨터와 트랜지스터, 집적회로, 위성통신이 등장하며 전자통신의 기반이 마련되었다. 1969년 ARPANET의 개발과 1971년 이메일의 발명, 1983년 TCP/IP 프로토콜의 도입은 인터넷의 태동을 알렸다. 1990년대에는 월드와이드웹과 휴대전화, 포털사이트, 메신저가 대중화되면서 정보 접근성이 급격히 향상되었다. 2007년 아이폰의 출시로 시작된 스마트폰 혁명은 SNS와 4G LTE의 확산을 통해 실시간 글로벌 커뮤니케이션을 가능하게 했으며, 클라우드 컴퓨팅과 모바일 인터넷은 생활 전반을 디지털화하였다. 2020년 이후에는 5G 통신망이 상용화되면서 초고속·초저지연 네트워크가 자율주행, 원격의료, 스마트팩토리와 같은 새로운 산업을 가능하게 했다. 동시에 사물인터넷(IoT)과 인공지능 기반 커뮤니케이션, 블록체인과 웹 3.0은 초연결·지능형 사회로의 전환을 이끌고 있다.

1.3 중소기업의 역할과 미래 발전 방향

중소기업은 기술 발전 과정에서 단순히 생산과 유통의 주체를 넘어, 혁신을 실현하는 핵심 동력으로 자리매김해왔다. 새로운 기술을 빠르게 적용하고, 지역사회와 긴밀히 연결된 구조를 통해 대기업이 미처 대응하지 못하는 틈새시장을 개척하며 경제 성장에 기여하였다.

21세기 4차 산업혁명 시대를 지나 다가올 5차 산업 시대에는 초지능 인공지능과 로봇 자동화, 바이오·헬스케어 혁신, 우주·항공 기술, 차세대 통신망(6G 이후), 그리고 친환경 에너지와 지속 가능 기술이 핵심으로 부상할 것이다. 이러한 기술들은 인류 사회를 초연결·지능형·친환경·우주 확장 사회로 이끌 것으로 전망된다. 중소기업과 소규모 사업자는 이러한 변화에 대응하기 위해 거시적 전략과 세부 실행 방안을 동시에 마련해야 한다.

- 거시적 전략은 기술혁신 수용, ESG 기반 경영, 인재 확보, 자금 개선, 장기적 비전 구축이며,
- 세부 실행 방안 6개에 대하여 제시한다.

① 인공지능 기반 무인화 및 협업 시스템을 구축하여 반복 업무를 자동화하고, 인적 자원을 창의적 문제 해결에 집중시킨다.

② 양자 컴퓨팅·나노 기술은 직접 투자 대신 클라우드 플랫폼과 연구기관 파트너십을 통해 모듈화된 형태로 활용한다.

③ 인재 전략은 외부 인재 유치뿐 아니라 내부 인력의 디지털 리터러시와 융합 역량 강화를 병행하여 조직 전체의 적응력을 높인다.

④ ESG 경영과 윤리적 AI와 데이터 투명성 확보, 그리고 환경친화적 전환을 통해 국제적 신뢰 자산을 구축하고 새로운 시장을 창출한다.

⑤ 중소기업 경영자 역량 강화로, 인재 육성은 직원 교육뿐 아니라 경영자의 역량 강화도 포함되며, 중소기업 CEO와 임원들이 글로

벌 시장, 첨단 기술, ESG 경영에 대한 이해를 높일 수 있도록 고급 경영자 과정, 해외 연수 프로그램, 멘토링 제도 도입과 함께 중소 중견기업으로 확대가 필요하다.

⑥ 청년·여성·고령 인재의 균형적 활용으로, 여성 인재의 STEM 분야 진출 확대와 정년퇴직자의 경험을 바탕으로 한 메토링 제도를 운영하며, 청년 인재의 창업 지원, 기술 연구개발, 제품 제조 등 다양한 분야에서 인재 풀을 적극 활용해야 한다.

21세기 4차산업 이후 예상되는 기술들은 정보의 초월적 연결과 물리세계의 근본적 변화를 특징으로 할 것이다. 현재 기업의 여건은 녹녹치 않지만, 특히 중소기업과 소규모 사업자는 이러한 메가트렌드에 대한 선제적인 적응력(Agility)과 특화된 유연성(Niche Flexibility)을 핵심 경쟁력으로 삼아 대처해야 한다.

1) 4차산업 시대 이후 예상 기술 유형

예상되는 기술 유형은 크게 정보-지능-융합 기술과 물리-생명 혁신 기술로 나눌 수 있다.

표-1 기술 유형이 중소기업에게 미치는 영향

기술 유형	핵심 동향	중소기업에 미치는 영향
초월적 인공지능 (Superintelli-gence)	- 일반 인공지능(AGI)의 등장 및 초지능 시스템의 전면적 도입	- 모든 업무 프로세스의 자동화 및 최적화. 인간의 역할이 감독과 문제 정의로 변화
양자 컴퓨팅 및 통신 (Quantum)	- 현존하는 암호 체계 무력화 및 복잡한 문제의 초고속 처리 가능	- 신약 개발, 신소재 설계, 금융 위험 분석 등 고도화된 시뮬레이션 분야 진입
초지능형 사물인터넷 (AIoT) 및 앰비언트 컴퓨팅	- 모든 환경이 센서화되고 데이터화되어 인간의 개입 없이 상호작용	- 초개인화된 서비스 제공 및 예측적 유지보수 시장 창출
나노 기술 및 신소재 (Nanotech-nology)	- 원자 수준에서 물질을 조작하여 전혀 새로운 기능의 소재 개발	- 초경량/고강도 제품 생산 및 에너지 저장 효율 혁신
생명공학 혁신 (Bio-Revolution)	- 유전자 편집(CRISPR), 합성 생물학, 맞춤 의학의 보편화	- 농업, 식품, 의료, 환경 정화 등 생명 산업의 근본적 재편
우주 경제 (Space Economy)	- 우주 자원 채굴 및 우주 관광 상업화, 지구 저궤도 생산기지 구축	- 우주 산업의 특수 부품 및 서비스 시장 확대

2) 기술 변화에 대한 중소기업 및 소규모 사업자의 합리적 대처 방안

중소기업과 소규모 사업자는 대기업처럼 광범위한 투자가 어렵기 때문에, 선택과 집중을 통해 기술을 도입하고 시장을 공략하는 것이 가장 합리적이다.

① 인공지능(AI) 기반 무인화 및 협업 시스템 구축

반복 업무의 자동화 가속화로 초월적 인공지능 기술을 SaaS(Software as a Service) 형태로 적극 수용하여, 회계, 마케팅 데이터 분석, 고객 응대(Chatbot) 등의 비핵심 반복 업무를 최대한 무인화해야 한다. 이를 통해 한정된 인적 자원을 창의성과 문제 해결 등 인간 고유의 영역에 집중시켜 효율을 극대화해야 한다.

또한, AI 기반의 초개인화된 틈새시장 공략으로 AIoT나 생명공학 분야에서 발생하는 방대한 데이터를 분석하여 대기업이 발견하지 못하는 초정밀 니치 마켓(Niche Market)을 발굴하고, 고객의 수요에 맞춰 제품 및 서비스를 실시간으로 변형하는 유연한 맞춤형 생산 시스템을 구축해야 한다.

② 첨단 기술의 모듈화 및 파트너십 전략

양자 컴퓨팅/나노 기술의 모듈 활용으로 중소기업이 직접 양자 컴퓨터나 나노 연구 설비를 구축하는 것은 비합리적이므로, 해당 기술을 클라우드 기반의 플랫폼(PaaS) 형태로 활용하거나 대학/연구소와의 기술 파트너십을 통해 필요한 기능을 모듈 형태로 구매하고 적용해야 한다. 그리고 초국가적 공급망 참여로 우주 경제나 신소재 분야의 글로벌 프로젝트에 특정 공정 또는 핵심 부품을 전문적으로 납품하는 특화된 공급자(Specialized Vendor)로서 참여하여 좁지만, 확실한 글로벌 기술 생태계의 한 축을 담당해야 한다.

③ 인재의 디지털 리터러시 및 융합 역량 강화

기술 이해도를 높이는 재교육 투자로 모든 직원이 AI, 데이터 과학, 블록체인 등 미래 기술의 기본 원리를 이해하고 업무에 활용할 수 있도록 지속적인 디지털 리터러시 교육에 투자해야 합니다. 이는 외부 인재 유치뿐 아니라 내부 인력의 역량 강화도 중요하다.

인재 유출의 주요 원인은 임금 격차뿐 아니라 조직문화의 매력 부족이다. 대기업과 비교해 경직된 의사결정 구조, 낮은 복지 수준이 인재 이탈을 가속화 한다. 따라서 중소기업은 수평적 의사소통, 유연근무제, 성과 기반 보상 체계를 도입하여 젊은 인재가 매력을 느낄 수 있는 조직문화를 구축해야 한다.

아울러 빠른 학습과 적응력(Agility) 중심의 조직문화로 기술 변화 속도에 맞춰 조직 구조와 의사 결정 과정을 유연하게 만들어야 한다. 실패를 용인하는 문화를 통해 새로운 기술 실험을 장려하고, 내부 인력이 여러 기술 분야를 융합하여 볼 수 있는 T자형 인재로 성장하도록 지원이 필요하다. 아울러 실제 산업 현장에서 필요한 직무 중심 교육(ex: 반도체 공정, 바이오 실험, AI 모델링 등)에 대한 구체적인 로드맵에 의해 실현이 가능한 대학·기업·연구소가 연계된 산학협력형 교육과정을 확대하여 현장에 즉시 투입 가능한 실무형 인재를 양성해야 한다.

④ 지속 가능성을 통한 신뢰 자산 구축

윤리적 AI 및 투명성 확보로 인공지능과 데이터 기반 의사결정이 보편화되는 시대에, 윤리적 AI 사용 원칙을 수립하고 고객 데이터 활용에 대한 투명성을 확보하여 국제적 신뢰 자산(Trust Capital)을 구축하는 것이 장기적인 경쟁력이 된다. 아울러 환경친화적 전환으로 나노 기술이나 생명공학의 결과물을 환경 문제 해결(ex: 탄소 포집, 생분해성 소재)에 연결하는 친환경적 비즈니스 모델로 전환하여, 강화되는 ESG 규제에 선제적으로 대응하고 새로운 시장을 창출해야 한다.

1.4 대한민국 중소기업의 위상 분석

21세기 세계 경제는 기술, 혁신, 인재가 경쟁의 중심이 되는 구조로 전환되고 있다. 특히 디지털 전환과 인공지능, 반도체, 바이오, 친환경 에너지 등의 산업이 급격히 성장하면서, 국가 경쟁력은 기술 기반 중소기업(Small and Medium Enterprises)의 역량에 의해 좌우된다. 그러나 우리 대한민국은 대기업 중심의 산업구조와 기술·인재·자금의 3대 불균형으로 인해 중소기업은 지속 성장을 이루지 못하고 있기 때문에 중소기업의 구조적 문제를 진단이 필요하다.

3대 불균형의 구체적 지표는 대기업-중소기업 간 평균 임금 격차(인재 불균형), R&D 투자 비중 격차(기술 불균형), 금융 접근성/이자율 격차(자금 불균형) 등이며 중소기업은 고용의 약 80%를 담당하지만, R&D 투자 비중은 대기업의 절반 수준이며, 핵심 인력의 대기업 대비 평균 임금 수준은 60%에 불과하다.

또한, 지속 성장 전략의 방향을 설정하기 위해서는, 글로벌 관점에서의 경쟁 우위와 취약점 분석이 필요하다. 경쟁국 중소기업 경우, 독일의 히든챔피언(Hidden Champion), 일본의 장수기업, 미국의 혁신 스타트업 등 경쟁국의 성공적인 기술 기반 중소기업 모델과 대한민국의 중소기업을 비교 분석하여 차이점/경쟁 우위와 취약점을 비교 분석하여(Gap Analysis), 벤치마킹 요소(Strength)를 도출해야 한다.

글로벌 가치사슬(GVC:Global Value Chain) 내 역할 진단하면, 우리 중소기업이 글로벌 공급망 내에서 단순 하청 역할을 하는지, 아니면 고부가가치 기술 전문 기업 역할을 하는지 진단하여, 해외시장에서의 지속 성장 가능성을 객관적인 평가가 필요하다. 즉, 국내 산업 생태계 내 중소·중견기업 간 협력 구조에 대한 논의가 부족하다. 동일 산업 내 기업 간 공동 R&D, 기술 공유 플랫폼, 지역 혁신 클러스터를 통해 대기업 의존도를 줄이고 자생적 생태계를 강화해야 한다.

국가 경쟁력이 기술 기반 중소기업의 역량에 의해 좌우된다고 강조하지만, 정작 기술 기반 중소기업(SMEs)의 정의나 범위가 모호한 부분도 명확히 할 필요가 있다. 디지털 전환, AI, 반도체 등 4차 산업혁명 핵심 분야에서 활동하는 중소기업을 기술 기반, 중소기업 직면한 특유의 문제(ex: 대규모 설비 투자 부담, 초 고급 인재 확보 어려움)를 별도로 면밀한 진단을 통한 적합한 대안이 제시되어야 함에도 불구하고 아직은 산발적(단편적)이며, 단순히 제조업 중소기업이 아닌, 연구개발

(R&D : Research and Development) 투자 비중, 특허 보유 수, 매출 대비 기술력 의존도 등 구체적인 지표를 기준으로 기술 기반 중소기업을 분류할 필요가 있다는 점이다. 이렇듯 중소기업의 지속 가능한 발전을 이끌어 내기 위해서는 일관성을 갖는 정책 추진이 필요하다.

즉, 데이터 기반 경영 역량 확보를 위한 디지털 전환은 단순한 자동화가 아니라 데이터 기반 의사결정 체계 구축을 의미한다. 중소기업은 빅데이터·AI 분석을 통해 시장 수요를 예측하고, 생산·재고·마케팅을 최적화하는 능력을 확보해야 한다. 이를 위해 정부와 지자체의 기업 육성 정책 부서에서는 데이터 인프라 접근성을 높이고, 중소기업 맞춤형 데이터 교육에 필요한 지원이 되어야 한다.

1.5 중소기업 현황 심층 분석

심층 분석의 핵심적 항목은 경제적 요소, 고용 창출, 산업 분포, 운영자금, 기술력 R&D 부족, 인력 부족 및 유출, 글로벌 시장 경쟁력 부족, 행정규제 부담을 포함하여 8개로 구분하여 제시한다.

1) 경제적 측면으로 우리 대한민국 중소기업의 경제적 기여는 국내 총생산(GDP:Gross Domestic Product) 비중에 약 50% 도달하였고, 제조업 중심으로 분석할 때 중소기업은 1,000개 이상 기업이 국내 제조업 생산의 40% 기여하고 있는 것으로 조사되었다.
2) 고용 창출 측면에서는 중소기업의 고용수준은 전체 고용의 약

87.5% 달하며, 청년 고용 기여도는 45%이고 이를 연령대로 분석한다면 20~34세이다.

3) 산업별 분포도는 제조업 46%(자동차 부품, 섬유, 전자), 서비스업 38%(IT, 물류, 외식), 기타 16%(바이오, 화학, 스타트업)로 대한민국의 중심적 허리 역할을 톡톡히 수행하고 있다고 하여도 과언이 아니다.

표-2 산업별 중소기업 분포

No	산업	기업 수(천 개)	비율(%)	Remarks
1	제조업	123	46	
2	서비스업	102	38	
3	ICT, BIO	43	16	

4) 운영자금 자금조달 어려움으로 은행 대출 의존도 72%, 벤처캐피탈 투자 18%이며, 평균 운전자금 회전율 2~3개월, 기술개발 투자 한계를 가지고 있다.

5) 기술력 R&D 부족으로 중소기업 평균 R&D 투자율 1.8% → 글로벌 평균 3.5% 대비, 중소기업 평균 R&D 투자율 1.8%는 주요 경쟁국 중소기업 평균 투자율(약 2.5%~3.0%) 대비 낮은 수준이며, 특허 등록 건수는 중소기업 12건/연, 대기업 45건/연 국내 대기업과 외국 중소기업에 비해 매우 낮은 수준이며, 핵심 기술을 보유한 중소기업도 세부적인 지재권을 확보하지 못하여 만일의 경우, 기술 경쟁 국가의 기업과 기술 분쟁에 대비한 충분한 준비가 되어 있지

못한 것이 현실이다.

6) 인력 부족 및 유출 문제로 전문 인력 부족률 37%, 청년 전문 인력 대기업 이탈률 22%에 달하여 매우 심각한 수준을 넘어 중소기업 존립 자체에 영향을 미치고 있다.
7) 글로벌 시장 경쟁력 부족으로 수출기업 비중 19%, 보안, 품질 및 각 인증·규격 확보 비용 기업당 평균 2.5억원, 진출 장벽 높고, 중소기업의 경영진에서도 정확한 인증과 보안을 위한 준비와 절차에 대하여 인지율이 낮고, 전문 역량을 갖춘 컨설팅 기관/기업 또한 저조한 상태로 인해 중소기업은 글로벌 추세에 신속한 대응이 취약한 실정이다.
8) 행정규제 부담으로 기업당 연간 행정·규제 처리 시간 320시간, 세무·인증 절차 복잡으로 → 기업 효율 저하가 현실로 나타나고 있다.

표-3 문제점별 영향력 평가

No	문제점	영향력 (1~5)	심각도	주요 근거	Remarks
1	자금조달	5	매우 높음	낮은 벤처투자, 은행 의존	
2	기술력 부족	4	높음	R&D 투자율 1.8%	
3	인력유출	4	높음	전문 인력 부족률 37%	
4	글로벌 경쟁력	3	중간	수출기업 19%, 인증 비용 부담	
5	규제부담	4	높음	연간 320시간 행정처리	

1.5.1 국내 산업구조의 현상과 문제

대한민국 중소기업의 지속적 발전을 위한 전략의 일환으로 대한민국 산업구조를 분석해 보면 대기업 중심으로 형성되어 있으며, 특히 제조업에서 대기업이 경제에 차지하는 비중이 높다. 대기업은 고용, 수출, 기술혁신 측면에서 중요한 역할을 수행하지만, 중소기업과의 격차, 불공정 거래 관행, 특정 산업 집중 등 구조적 한계도 존재한다.

최근 글로벌 경쟁 심화와 각국의 무역장벽, 현지 생산 유치 정책 등으로 인해 일부 대기업은 해외로 생산기지를 이전하고 있다. 이러한 현상은 국내 노동시장과 산업 경쟁력에 일정한 영향을 미칠 수 있으나, 단일 요인으로 산업 전체 붕괴를 유발한다고 단정할 수는 없다. 산업구조 문제와 해외 이전 문제는 경제적, 사회적 요인이 복합적으로 얽혀 있으며, 이에 대한 정책 대응은 신중하고 다각적인 접근이 필요하다.

국내 산업은 여전히 대기업 중심의 산업구조를 가지고 있으며, 이는 중소기업 성장에 있어 양극화 심화와 불공정 거래 관행이라는 구조적 문제를 야기하고 있다. 또한, 현재 글로벌 공급망 재편과 수요처 중심 생산기지 현지화(Reshoring, Friend-shoring 등) 추세에 따라 국내 대기업의 생산기지 해외 이전 현상이 발생하고 있다.

이는 단기적으로 국내 노동시장 불안정과 장기적으로 제조업 공동화에 대한 우려를 높이며, 특히 대기업에 의존하는 협력 중소기업의 생존 기반을 위협하는 핵심 요인이다. 핵심 과제는 해외 이전 규제가 아닌, 중소기업 스스로 생존하고 성장할 수 있는 혁신 생태계를 조성하여 산업 공동화 위협에 대응하고 한국 경제의 지속 가능한 성장 동력을 확보해야 한다.

1.5.2 해외 생산기지 이전의 영향

긍정적 효과를 분석하면, 해외시장 접근 확대 및 글로벌 경쟁력 강화와 현지 고용 창출 및 기술 이전으로 인한 지역 산업 발전 기여한다. 부정적 효과를 분석하면, 국내 고용 감소 가능성 및 노동시장 압력 증가와 기술 유출과 관련 산업 생태계 약화 가능성이 있고 중소기업 공급망과 연계된 산업 공동화 위험으로 이어질 수 있다. 이러한 영향은 산업별, 기업별 상황에 따라 다르게 나타나므로, 객관적 데이터를 기반으로 정책을 설계해야 한다.

1.5.3 중소기업의 지속적 발전을 위한 핵심전략

중소기업의 지속적인 발전을 위해서는 대기업 해외 이전 억제보다는, 중소기업 자체의 경쟁력과 자생력을 강화하고 혁신 생태계를 조성하는 전략이 객관성과 현실성을 갖춘 방안이다.

1) 산업구조 고도화 및 혁신 인프라 지원

표-4 자생력 강화

전략	논리적 근거 및 목표	현실성/객관성
미래 유망 산업 R&D 및 인력 지원	- 중소기업이 저부가가치 경쟁에서 벗어나 고부가가치 산업 (반도체 소재·부품·장비, 바이오, 친환경 에너지 등)으로 전환할 수 있도록 특화된 R&D 투자 및 전문 인력 양성을 지원해야 한다.	- 장기적 경쟁력 확보를 위한 필수 전략이며, 정부의 산업구조 전환 정책의 핵심이다. 단기적 성과에 대한 조급함을 버리고 지속적인 투자 필요하다.
스마트 제조 혁신 (디지털 전환)	- 인건비 경쟁에서 우위를 점하기 어려운 국내 제조업 환경에서, 스마트공장 구축 및 자동화 기술 도입을 통해 생산성을 혁신적으로 향상하고 원가 경쟁력 확보한다.	- 기술력으로 해외 저임금 생산기지를 극복하는 유일한 현실적 방안이며, 데이터 기반 생산 체계 구축을 위한 기술 및 금융 지원 중요성이 크다.

2) 공정 거래 및 상생 협력 생태계 구축

표-5 구조적 문제 해결

전략	논리적 근거 및 목표	현실성/객관성
공정 거래 시스템의 실효적 강화	- 대기업의 불공정 거래 행위에 대한 규제 및 처벌의 실효성을 높여 중소기업의 기술 탈취, 단가 후려치기 등의 피해를 근절해야 한다.	- 중소기업의 혁신 의지를 꺾는 가장 큰 요인을 제거함으로써, 중소기업이 투자와 성장의 과실을 누릴 수 있는 공정한 환경을 조성한다. - 중소기업-대기업 간 불균형 해소를 위한 안전장치를 둔다면, 공정거래 강화, 기술 탈취 방지, 공동 R&D 투자 등이다.

전략	논리적 근거 및 목표	현실성/객관성
대·중소기업 기술 협력 및 공동 해외 진출 모델	- 대기업이 해외로 이전하더라도, 핵심 기술 및 부품 생산은 국내 중소기업과 공동 연구개발(R&D)을 통해 유지하도록 세제 혜택 또는 인센티브를 제공한다.	- 대기업의 글로벌 네트워크를 활용하여 기술력 있는 중소기업이 해외시장에 동반 진출할 수 있는 상생 모델은 현실적인 대안이다.

3) 국내 투자 및 경영환경 개선

표-6 투자 매력도 제고

전략	논리적 근거 및 목표	현실성/객관성
중소기업 맞춤형 규제 합리화	- 안전 환경 등 필수 규제는 유지하되, 중소기업의 경영 부담을 가중시키는 불필요하고 복잡한 행정규제를 과감하게 완화하여 사업 속도와 유연성을 높여야 한다.	- 규제 완화는 신속한 투자를 촉진하지만, 안전과 환경 등 사회적 가치를 훼손하지 않는 범위 내에서 신중하게 접근해야 한다.
노동 시장의 유연성과 안정성 균형	- 중소기업의 인력난과 경직된 노동 환경 문제를 해소하기 위해, 유연 근로 제도에 대한 지원을 확대하고, 동시에 노동자의 권익을 보호하며 중소기업 근로 조건을 개선할 수 있는 정책적 노력을 병행해야 한다.	- 단순히 유연성 확보가 아닌 유연성과 안정성의 균형을 통해 기업과 노동자 양측의 사회적 합의를 도출하는 것이 중요하다. - 인재의 지속 가능한 역량 발휘를 위해서는 물리적 환경 개선을 넘어, 심리적 안정과 건강을 보장하는 심리적 웰니스 프로그램 지원이 필요하다.

1.5.4 정책 대응 전략

대응 전략과 정책을 구분하여 제시하면 다음과 같은 5개 항목으로 구분할 수 있어 이에 대하여 구체적으로 설명하여 제시한다.

① 세제 및 투자 인센티브 조정으로 해외 이전 기업에 대한 세제 혜택 축소, 국내 투자 기업에 대한 세제·보조금 확대하는 방안이며, 합리적 고려가 필요한 요소로 기업 경영 자율성을 침해하지 않으면서 국내 투자를 유도하고 조세 형평성을 확보해야 한다.

② 산업구조 고도화 및 기술혁신 지원으로 미래 유망 산업(AI, 반도체, 이차전지, 바이오 Robot, UAM, 자율주행 솔루션 등) R&D 투자, 인력 양성, 스마트 공장 구축 지원이며, 합리적 고려가 필요한 요소로 단기 효과는 제한적일 수 있으므로, 장기적 경쟁력 강화와 산업 다변화 전략과 병행이다.

③ 국내 투자 환경 개선으로 불필요한 규제 완화, 노동시장 유연화, 산업 단지 및 물류 인프라 확충이며, 합리적 고려가 필요한 요소로 안전, 환경, 노동권 등 사회적 가치를 훼손하지 않도록 균형 유지가 필요하다.

④ 중소기업 지원 및 연계 강화로 기술 지원, 금융 지원, 해외 진출 컨설팅 제공과 대기업과 중소기업 간 상생 협력 생태계 조성이며, 합리적 고려가 필요한 요소로 중소기업 중심의 정책이 대기업 정책

과 연계되어 산업 전반 경쟁력 향상에 기여해야 한다.

⑤ 해외 투자 정보 제공 및 지원으로 해외시장, 규제, 인프라 정보 제공과 해외 진출 기업에 대한 금융, 세제, 법률 자문 제공으로 합리적 고려가 필요가 요소로 해외 투자 촉진이 국내 투자 위축으로 이어지지 않도록 균형적인 관리가 필요하다.

1.5.5 정리하면, 규제가 아닌 혁신과 공정으로

대기업의 해외 생산기지 이전을 세금 삭감이나 규제 강화로 억지로 막으려는 시도는 기업의 경영 자율성을 침해하고 글로벌 경쟁력을 약화시킬 수 있어 객관적인 경제 원리에 맞지 않는다. 중소기업의 지속적인 발전은 결국 자체적인 혁신 역량 강화(R&D, AI Digital Smart 자동화 등)와 대기업과의 공정하고 상생하는 생태계 구축에 달려 있다. 정부는 규제자가 아닌 조력자의 역할로서, 중소기업의 기술혁신 투자를 지원하고, 공정 거래 환경을 확립하며, 경영환경의 불확실성을 줄이는 데 집중해야 한다. 또한, 해외 생산기지 이전 문제는 단일 정책으로 해결할 수 없는 복합적 과제다. 따라서 다음과 같은 전략이 필요하다.

첫째, 다각적 정책 적용으로 세제, 규제, 기술혁신, 산업 환경 개선 등 다양한 정책을 종합적으로 활용하고, 기업 자율성과 시장원리 존중으로 규제는 최소화하고, 경쟁을 촉진하며 기업 혁신을 유도한다.

둘째, 중소기업 중심 산업 생태계 강화로 대기업과 중소기업 간 협력, 기술·금융 지원, 해외 진출 지원을 통해 지속적 산업 성장 기반 마련이며, 장기적 산업 경쟁력 확보를 위한 산업구조 고도화, 인력 양성, 혁신 기반 구축을 통한 고부가가치 산업전환이다. 이 전략은 단기적 정책 효과보다는 장기적 경쟁력 강화와 중소기업 중심의 지속 가능한 산업 생태계 조성을 목표로 한다.

1.6 국내외 시장에서 지속적인 발전 저해 요인

1) 내부 및 외부 요인

먼저 내부 요인을 정리하면, 경영 전문성 부족 → 전략 계획 미흡과 낮은 디지털화 → 생산성 및 대응력 저하 문제가 있고, 그리고 외부 요인을 정리하면, 글로벌 경쟁 심화 → 가격·기술 경쟁 압력에 효율적이고 선제적인 대응이 불가능하며, 정책·규제 변화 → 신시장 진출 지연과 환율 변동, 물류비 상승 → 수출 부담으로 이어지는 문제점에 당면해 있다.

2) 문제 극복 전략

① 중소기업이 갖는 고질적인 어려운 문제를 해결하기 위해서는 정부 지원 활용으로 R&D 지원금, 수출 바우처, 세제 혜택 활용으로 중소기업 전용 컨설팅·교육 프로그램이 필요하다.

② 글로벌 시장 진출 전략에 필요한 B2B, B2C 온라인 수출 플랫폼

활용으로 해외 인증 획득 및 현지 마케팅 전략이 필요하다.

③ 기술혁신 및 디지털 전환으로 스마트 팩토리(Smart Factory)와 가상 물리시스템(CPS: Cyber-Physical Systems)·전사적 자원관리(ERP: Enterprise Resource Planning)·인공지능(人工智能 AI: Artificial Intelligence)도입으로 제조 공정 최적화 및 비용 절감이 필요하다.

④ 인재 확보 및 조직문화 혁신으로 전문 인력 채용, 유연 근무제, 교육 프로그램 도입으로 기업문화 개선 → 직원 만족도 증가, 유출 감소를 위한 정책과 체계적인 지원이 필요하다.

⑤ 지속 가능한 경영 및 ESG((환경(Environmental), 사회(Social), 지배구조(Governance)) 적용으로 ESG 기반 기업 운영이 필요하며 친환경 제품 개발, 사회적 책임 강화를 위한 중소기업 최고 경영 책임자(CEO:(Chief Executive Officer) 경영진을 위한 기업가정신 제도적 교육이 필요하다.

☞ 참고, 가상 물리시스템(Cyber-Physical System)은 사이버 공간(컴퓨터·네트워크)과 물리적 세계(기계·센서·제어장치)가 긴밀히 결합되어 실시간으로 상호 작용하는 시스템이다.

1.7 산업구조 및 경제적 비중

2025년 현재 대한민국 중소기업은 약 740만 개로, 제조업·서비스업·IT산업 전반에 분포한다. 이들은 국내 총생산(GDP)의 약 50%를 차지하지만, 기술 경쟁력과 글로벌 매출 비중은 대기업 대비 현저히 낮다. 특히 기술형 중소기업(Tech-SME)은 전체 중소기업의 13% 수준에 불과하며, 혁신 역량의 집중도는 수도권에 편중되어 있다.

1) 기술 수준 및 혁신 역량

정부 국가 과학기술 지표에 따르면, 중소기업의 R&D 투자 비율은 전체 기업 평균의 38% 수준이며, 자체 기술개발 보다는 외부 기술 의존도가 높다. 또한 특허 보유 건수의 70%가 대기업에 집중되어 있다. 이는 중소기업이 혁신의 주체가 아닌 하청 구조(下請 構造)의 기술 수요자(技術 需用者)로 머무는 원인으로 작용하고 있다.

2) 인재 및 자금 현황

중소기업의 62%는 숙련 기술 인력을 확보하지 못하고 있으며, 청년층의 78%가 대기업 취업을 선호한다. 자금 측면에서도 대기업 대비 금리, 담보 조건, 투자 접근성이 낮아 혁신 투자 여력이 제한된다.

1.8 중소기업의 주요 문제점 진단

1) 기술 경쟁력 부족(Lack of Technological Competitiveness)

중소기업의 기술력은 대기업 대비 평균 약 65% 수준, 중소기업의 기술력은 대기업 대비 여전히 열악한 수준으로 평가되며 핵심 원인은 R&D 인프라의 부족, 기술 인력의 이탈, 기술사업화 경험 부족이다. 기술개발 성공률에 비해 이를 실제 시장에서 성공적인 제품이나 서비스로 전환하는 사업화 성공률(약 53.5%)이 현저히 낮아, 기술개발 - 상용화 단계의"죽음의 계곡(Death Valley)" 구간에서 많은 기업이 어려움을 겪고 있다.

2) 인재 확보의 어려움(Difficulty in Securing Talent)

청년층은 낮은 임금, 불안정한 근로환경, 복지 격차로 인해 중소기업 취업을 기피한다. 또한 숙련 기술자의 은퇴로 인한 기술 단절 현상이 심화되고 있다. 이는 중소기업 혁신 역량을 저하시켜 지속 성장의 내적 기반을 약화 시킨다.

3) 자금조달 한계(Limitations in Funding (or Financing))

벤처캐피털(VC:Venture Capital) 투자 비중이 대기업 중심으로 치우쳐 있고, 금융권의 신용평가 체계가 기술력보다 담보 중심으로 작동한다. 그 결과 성장 가능성이 높은 중소기업조차 초기 자금 확보에 실패하는 경우가 빈번하다.

4) 내수 시장 한계와 수출 의존 구조 (Domestic Market Limitations and Export-Dependent Structure)

대한민국 내수 시장은 한정적이고, 중소기업의 해외 진출은 언어, 인증, 물류, 네트워크 부족 등으로 제약을 받는다. 이에 따라 다수의 기업이 대기업 납품 구조에 묶여 자생적 시장 경쟁력을 확보하지 못하고 있다.

5) 디지털 전환 지연(Delayed Digital Transformation)

AI, 데이터, 클라우드 기반 기술의 확산 속에서도 중소기업의 디지털 전환율은 32%에 불과하다. 인력 부족, 기술 도입 비용, 데이터 활용 미숙이 원인이다.

1.9 문제의 구조적 원인 분석

1) 산업 생태계의 불균형(Imbalance in the Industrial Ecosystem)

대한민국 산업구조는 대기업 중심으로 형성되어 있다. 기술, 자금, 인재, 시장이 대기업으로 집중되며, 중소기업은 종속적 하청 구조에 머무른다. 이로 인해 기술 이전 및 상생 생태계가 제대로 작동하지 않는다.

2) 정부 지원 정책의 단기성과 중심 구조
(A Structure of Government Support Policies Focused on Short-Term Performance)

정부의 중소기업 정책은 수천 개에 이르지만, 다수는 단기적 보조금 성격이다. 정책의 연속성과 성과 평가 시스템이 부재하여, 실질적인 기술 역량 강화보다는 생존 지원에 그치는 한계가 있다.

3) 산학연 협력체계의 단절
(Disconnection in the Industry-Academia-Research Cooperation System)

산학협력은 주로 대기업·연구중심대학 위주로 이루어지며, 중소기업은 고급 연구 인프라 접근이 어렵다. 이에 따라 기술개발-실증-사업화의 연계 고리가 단절된다. 또 다른 이유로는 대학과 협력하여 프로젝트 진행 시 과다한 수수료 비중이 높고, 대학에서는 문서, 이론 위주의 성과물을 제시하기 때문에, 중소, 중견기업에게 당장 필요한 실무적인 기술개발을 통한 성공적인 사업화에 다소 거리가 있어 산학협력이 단절되고 있는 것이 현실이다.

4) 인재 교육 시스템의 미흡
(Inadequate Talent Training System/Deficiencies in the Human Resource Development System)

전문대학, 직업계고, 폴리텍의 교육과 산업 현장의 기술 수요 간 불일치가 심각하다. 2025년 이후 향후 50~100년 뒤 산업의 핵심이 될 미래 먹거리 첨단 기술을 선도(Lead)하면서 이끌어갈 실무적인 기술도 고려되지 못한 상태로, 현재 학교, 교수자 실적 달성에 급급한 자격증 취득을 통한 취업의 명분으로 교육하고, 홍보하고 있는 것은 적절하지 못하며, 이는 교육의 본질을 훼손하고 있다. 이러한 방식은 학생들에게 실질적인 역량을 길러주지 못한 채, 단기적인 성과에만 의존하는 구조로 이어지고 있으며, 머지않아 학생들로부터 외면받을 가능성이 크다. 이는 경쟁국 및 선진국의 질 높은 기술교육 체계와도 뚜렷한 차이를 보인다.

시장 성장률과 자동화 추세, 산업별 채택율, 기술 발전, 노동력 부족과 안전 이슈 근거자료의 통계를 인용하면, 전기 용접 작업은 향후 10~90%까지 로봇이 대체할 수 있을 것으로 전망되며, 특히 대량 생산이 필요한 산업(자동차, 조선, 기계 등)에서는 이미 상당 부분 자동화가 진행되며, 2030년까지 70% 도달되며, 2040년 이후는 90%까지 AI 기반 자율 용접 시스템 체계로 도달된다. 이처럼 AI와 통신 기반 자율 시스템이 산업 전반을 빠르게 재편하고 있는 상황에서, 교육 현장이 이러한 변화에 현명하고 명확하게 대응하지 못한다면, 결국 기술 후진국으로 전락하고, 자기만족에 그친 교육 체계는 질적 퇴보의 길을 걷게 될 것이다.

글로벌 기술과 인재가 각축을 벌이는 경쟁의 시대, 살아남기 위해 개선되어야 한다. "글로벌 기술 패권과 인재 경쟁이 격화되는 시대, 교육은 단순한 자격증 취득을 넘어야 한다. 기술교육의 본질을 통찰하고,

미래 산업을 견인할 첨단 기술을 실무로 연결하며, 학교와 교수진의 역량을 하나로 모아 체계적으로 실행하는 교육만이 진정한 미래를 창조할 수 있다."

또한, 현장 실무형 기술인재보다는 이론 중심 인재 양성이 주를 이루며, 산업 맞춤형 인력 공급 시스템이 부재하다. 이러한 문제는 교수자 대부분이 이론적 지식을 갖춘 공학박사지만, 충분한 현장에서 연구개발, 양산, 사업화 등의 실무경력이 없는 교수자로 이론 중심이며, 교수자 채용 시 학술지 연구 논문 투고 건수, 대학 강의 경력, 영어 능력 등의 항목을 정량적 지표로 평가하여 임용된 교수이기 때문이고 구체적인 사항은 다음과 같다.

① 수요와 공급 불일치를 심화시키는 제도적 경직성으로 현재 교육 시스템이 산업 수요를 따라가지 못하는 근본적인 이유 중 하나는 경직된 교육 제도 및 규제로 첨단 산업의 기술 변화 속도는 매우 빠르지만, 전문대학이나 직업계고의 학과 신설 및 개편은 교육부의 엄격한 규제와 승인 절차 때문에 시간이 오래 걸리고 유연성이 떨어지며 이로 인해 교육과정이 시대에 뒤처지게 된다.

② 교원 자격 기준의 문제로 현재 교수 채용 시 SCI/SCIE 논문, 강의 경력 등을 주요 지표로 삼는 것은 연구 중심 대학의 평가 기준을 전문대학 및 직업 교육 기관에까지 일괄적으로 적용했기 때문이다. 이는 현장 실무경력을 갖춘 산업 전문가가 교육자로 참여하는 것을 제도적으로

가로막는 주요 장벽이다.

③ 교육 인프라의 낙후로 고가(高價)의 최신 산업 장비와 유사한 실습 환경을 구축하는 데 필요한 재정 지원과 투자가 부족하여, 학생들이 학교에서 배운 기술이 실제 산업 현장의 장비나 공정과는 동떨어지게 된다.

④ 교수자의 전문성 개발 및 재교육 시스템 부재로 현직 교수자의 지속적인 현장 역량 강화 기회가 부족하다는 점을 보완이 필요하다. 교수진이 현장 경험이 부족하다는 문제 외에도, 이미 임용된 교수자가 최신 기술 동향을 습득하기 위해 산업체에서 재교육을 받거나 연구개발에 참여할 수 있는 기회가 의무화되거나 제도적으로 충분히 보장되지 않고 있다.

인재의 질적 수준을 담보하기 위한 시스템적 보완이 필요하며, 직업교육 자체의 사회적 인식이 낮으며, 현장실습 및 산학협력의 형식화로 기업의 부담 증가와 실습생 관리의 어려움 등으로 인해, 의무적으로 진행되는 현장실습이 단순 노무 또는 저숙련 보조 업무에 머무는 등 교육적 효과가 미미한 경우가 많다. 진정한 의미의 산업 맞춤형 멘토링과 교육 프로그램 설계가 부족하다.

또한, 직업 교육의 사회적 매력도 저하로 직업계고와 전문대학에 대한 사회적 인식이 일반 대학에 비해 상대적으로 낮아, 우수 인재의 유입이 감소하고 있다. 이는 궁극적으로 양성되는 인력의 평균적인 역량 하락으로 이어져 산업 현장의 기술 수요를 충족시키지 못하게 한다. 아울러 평가 시스템의 미흡으로 교육과정이 현장 실무와 얼마나 연계되었는지, 졸업생이 실제 산업에서 요구하는 역량을 갖추었는지에 대한 객관적이고 체계적인 성과 평가 시스템이 부재한 것도 원인이다.

1.10 국내외 시장에서의 성장 정체 요인

1) 수출 기반 약화

글로벌 공급망 재편, 보호무역 강화, 환율 변동 등 외부 환경이 불안정하다. 중소기업은 수출 리스크(Risk) 관리능력이 부족해 안정적인 글로벌 매출을 확보하지 못한다.

2) 국제 표준 대응 미비

해외 진출에 필수적인 인증(ISO, CE, FDA 등) 및 기술 표준 대응 체계가 부족하다. 이에 따라 제품의 품질이 우수하더라도 인증 미비로 시장 진입이 불가능한 경우가 많다. 이러한 문제점 개선을 위해서 필요한 지속 가능 경영과 글로벌 인증 체계 대응이며, ESG 규제 대응은 단순한 친환경 전환을 넘어 국제 인증 체계(ISO, CE, FDA 등)에 대한 선제적 준비가 필요하다. 인증 비용 부담의 문제를 극복하기 위한 공동 인증 지원센터, 전문 컨설팅 인력 양성, 해외 규제 정보 제공 체계 구축이 반드시 병행되어야 한다.

- 국제 표준화 기구,
  (ISO:International Organization for Standardization)
- 유럽 적합성 안전, 환경 보호 관련 euCE
  (Conformité Européenne)
- 미국 식품 의약품 규제 인증, 미국 연방정부 기관 usFDA
  (Food and Drug Administration)

3) 글로벌 네트워크 부재

글로벌 파트너십, 유통 채널, 해외 VC 네트워크 등 연결 구조가 부족하다. 해외 전시회나 기술 협력의 기회도 대기업 위주로 집중된다.

4) 지속 가능한 경영전략 부재

ESG(환경·사회·지배구조) 경영, 친환경 생산, 탄소중립 대응 등 국제적 요구에 대한 중소기업의 준비가 미흡하다.

1.11 해외 우수 사례 분석

1) 독일 Mittelstand 모델

독일의 중소기업은 기술혁신과 장기 고용을 기반으로 한 가족경영 중심 구조를 유지한다. 정부는 기술 전문학교(Technische Hochschule)와 기업 간 긴밀한 산학협력으로 기술인재-기업-지역 산업의 삼각 연계 구조를 구축했다.

2) 일본의 지역 기반 기술형 중소기업

일본은 각 지역별로 특화산업(ex: 나가노 정밀기계, 시즈오카 자동차부품)을 중심으로 산업 클러스터를 조성했다. 지역 인재 양성과 기술 상생이 결합되어 중소기업이 독자 브랜드로 글로벌 시장에 진출했다.

3) 미국의 혁신 스타트업 생태계

미국은 정부가 직접 개입하기보다는 벤처캐피털과 민간 연구소를 중심으로 혁신 생태계(Startup Ecosystem)를 형성했다. 대학·기업·투자자가 하나의 시장 구조로 작동하며, 실패를 용인하는 문화가 혁신을 촉진했다.

1.12 대한민국 중소기업의 지속 성장 전략

1) 기술혁신 중심 구조로의 전환

R&D 지원을 보조금 중심에서 성과 기반 투자형 펀드로 전환해야 한다. 산업별 공동연구센터, 지역 기반 실증 플랫폼을 확대하여 기술사업화 성공률을 높여야 한다.

2) 인재 확보 및 리스킬링(Reskilling) 전략

리스킬링은 새로운 직무나 역할을 수행할 수 있도록 기존의 직원들에게 완전히 다른 기술과 지식을 재교육하는 것을 의미하며, 이는 주로 산업구조의 변화, 기술 발전, 또는 자동화 등으로 인해 기존 직무가 사라지거나 크게 변화할 때, 인력을 새로운 분야로 전환 배치하기 위해 이루어지는데 우리는 이것이 필요한 상태이다.

세 가지 요소로 구분하여 정리하며, 첫 번째, 정부-대학-산업이 연계된 산학 일체형 기술인재 트랙제 도입이고,

두 번째, 기술 역량 인증제 도입을 통해 인재 경쟁력 가시화이며,

세 번째, 중소기업 재직자 대상의 디지털 리스킬링 센터 구축이다.

중소기업 재직자를 대상으로 하는 디지털 리스킬링(Digital Reskilling) 센터 구축은 일반적으로 정부나 지방자치단체 주도하에 중소기업 재직자들의 디지털 전환(DX) 역량을 강화하고, 급변하는 산업 환경에 적응할 수 있도록 새로운 기술 교육을 제공하는 것을 목표로 해야 한다. 구체적인 사업의 형태나 명칭은 시기나 주관 기관에 따라 다를 수 있지만, 일반적으로 다음과 같은 내용이 포함되어야 한다.

목표는 중소기업 재직자의 디지털 직무 역량 향상 및 기업의 디지털 전환 지원이며, 주요 기능은 교육 프로그램 개발 및 운영으로 AI, 빅데이터, 클라우드, 자동화 등 디지털 신기술 관련 교육과정 제공(새로운 기술 습득, 기존 기술 심화) 이다. 맞춤형 컨설팅으로 기업의 디지털 전환 수준과 수요에 맞는 교육 및 컨설팅 제공과 함께 네트워킹 및 정보 공유를 위해 중소기업 간 디지털 전환 경험 및 성공 사례 공유가 필요하고, 주요 대상은 중소기업에 재직 중인 근로자(직무 전환 희망자, 디지털 역량 강화 필요자 등) 이다. 마지막으로 주관 기관은 고용노동부, 중소벤처기업부, 과학기술정보통신부 산하기관, 지방자치단체, 혹은

협약된 대학/민간 교육기관 등이 될 수 있다.

3) 글로벌 협력 플랫폼 구축

먼저 문제점을 정리하면, 내부는 핵심 인재 부족 및 디지털 전환(DX:(Digital Transformation) 투자 여력 및 전문 인력 부재로 인한 기술력 정체되었고, 외부는 글로벌 공급망 변동에 취약하며, 해외시장 정보 및 마케팅 네트워크 부족으로 진출에 어려움이 있다. 이러한 측면을 고려할 때 3대 핵심 전략은 인력 및 역량 부족과 글로벌 시장 대응 한계와 외부 자원 연계를 통해 돌파하는 데 선택적 집중이 필요하다. 조금 더 구체적으로 언급하면, 해외 기술대학·연구 기관과 연계한 K-SME 글로벌 테크 얼라이언스(Global Tech Alliance) 설립 방안과 수출 전담 인력 지원, 글로벌 네트워크 인큐베이터 운영 등을 통한 가치 창출 방식이다.

표-7 글로벌 협력 구축을 위한 정책과 실행 방안

핵심 축	정책 목표	실행 방안 (Action Plan)
1. 글로벌 협력 플랫폼 구축	- 데이터 기반의 수출 효율화 및 리스크 관리	1. AI 기반 바이어/기술 자동 매칭시스템 운영: 정량 데이터 기반의 거래 성사율 극대화 2. 통합 규제 정보 허브화로 수출 대상국별 필수 인증, 통상 규제, ESG 정보를 실시간 제공하여 무역 리스크 사전 차단

핵심 축	정책 목표	실행 방안 (Action Plan)
2. K-SME 글로벌 테크 얼라이언스	- 해외 연계를 통한 기술 격차 해소 및 인력 확보	1. 공동 R&D 펀드 조성으로 중소기업의 기술 현안과 해외 선진 연구 기관의 역량을 매칭하여 전략적 공동 연구 수행 2. 글로벌 인재 유치 프로그램으로 해외 대학과 공동 학위/인턴십을 연계하여 고급 외국인 기술 인력 국내 중소기업에 유치
3. 글로벌 네트워크 인큐베이터	- 수출 전문성 내재화 및 해외시장 진입 장벽 완화	1. 장기 현장 튜터링 시스템으로 1년 이상 무역, 법률, 회계 전문가를 중소기업에 전담 배치하여 자생적 수출 역량 배양 지원 2. 미니허브 구축으로 주요 타깃시장에 공동 물류, 사무 공간, 현지 세무/법률 자문을 통합 제공하여 초기 시장 진입 비용 및 위험 최소화

4) ESG 및 디지털 전환의 내재화

중소기업 ESG 가이드라인을 단순 보고서가 아닌 경영 도구로 활용할 수 있도록 제도적 장치와 홍보가 필요하며, AI, 데이터, IoT를 활용한 스마트공장이 현재 Level 2단계 기초 수준에서 Level 3단계 AI 지능형 자동화 생산 및 관리 시스템 체제로 확산이 매우 필요한 상태이며, 정부는 디지털 전환 중소기업에 세제·금융 인센티브 제공을 위한 전략과 구체적이고 세부적인 실행 절차와 방법이 제시되어야 한다.

1.13 대한민국 중소기업의 위상 및 중요성

대한민국은 압축적인 고도성장을 거치며 수출 주도형 대기업 중심의 경제 구조를 공고히 하였다. 그러나 이러한 거대 경제의 뿌리이자 미래 성장 동력의 원천은 다름 아닌 중소기업이다. 중소기업은 단순한 경제 활동 주체를 넘어, 국가 경제의 지속 가능성과 사회 안정을 보장하는 핵심 축으로서 객관적이고 대체 불가능한 위상을 지니고 있다.

1) 경제 구조 내 객관적 위상

중소기업은 국내 기업 수와 고용 측면에서 압도적인 비중을 차지하며 경제의 근간을 이룬다. 고용의 척추(Employment Backbone)로 중소기업은 전체 기업 수의 99% 이상을 차지하며, 전체 고용의 80% 이상을 담당하는 최대 고용 창출원이다. 이는 경제적 충격 발생 시 사회 안정성을 유지하는 핵심 완충재 역할을 수행함을 의미한다.

산업 생태계의 다양성 및 안정성으로 중소기업은 대기업의 핵심 협력사이자, 특정 분야의 고도화 된 전문 기술을 보유한 히든 챔피언으로 존재한다. 이들은 소재·부품·장비(소부장) 산업을 포함한 글로벌 공급망(GVC:Global Value Chain)의 안정성을 확보하는 데 필수적이며, 산업 생태계에 다양성과 유연성을 제공하여 특정 산업군에 대한 의존도를 분산시킨다.

2) 미래 혁신 생태계의 핵심 동력

중소기업은 급변하는 4차 산업혁명 시대에 혁신 생태계의 다양성과 활력을 제공하는 선도적 주체이다. 혁신의 최전선에서 중소기업, 특히 벤처 및 스타트업은 새로운 아이디어와 기술을 시장에 빠르게 적용하는 혁신의 시험대라는 것은 그 누구도 거부 못할 분명한 사실이다.

이들은 대기업이 시도하기 어려운 고위험, 고수익 분야에 도전하며, 파괴적인 혁신을 통해 새로운 산업 분야를 창출하는 경제 활력의 핵심 주체이다. 기술 확산 및 파급 효과 측면에서 중소기업의 활발한 활동은 지역 경제의 균형 발전을 촉진하며, 대기업과의 기술 제휴 및 협력을 통해 혁신 기술이 산업 전반으로 확산되는 파급 효과(Spillover Effect)를 가속화 한다. 이는 국가 전체의 생산성 향상과 경쟁력 강화로 직결되는 일관된 메커니즘이다.

즉, 대한민국 경제의 지속 가능한 성장과 사회적 포용은 중소기업의 양적 위상과 질적 혁신 역량에 전적으로 달려 있다. 중소기업의 경쟁력 강화는 단순한 기업 지원을 넘어, 국가 경제의 미래를 위한 전략적 투자이기 때문이다.

1.14 경제 및 고용 기여도

중소기업은 국내 총생산(GDP)에서 차지하는 비중과 더불어 전체 고용에서 차지하는 비중이 매우 높아, 안정적인 일자리 창출 및 소득 분배 개선에 직접적으로 기여한다. 특히, 청년층과 중년여성 및 지역 경제의 고용 유지에 결정적인 역할을 수행하며 사회적 안전망 역할을 담당하고 있다.

1.15 산업 생태계의 혁신 거점

4차 산업혁명과 AI 기술이 다양하게 개발되고 개인은 물론 일상생활 깊숙이 접목되어 활용되는 시대에 접어들면서, 중소기업과 스타트업은 새로운 기술과 비즈니스 모델을 신속하게 도입하고 시장에 적용하는 혁신 거점으로서의 중요성이 더욱 커지고 있다. 우리나라는 6.25 전쟁 이후 중공업 산업이 발전하면서 대기업이 주도하는 산업구조에서, 중소기업은 전문화된 기술과 틈새시장 공략을 통해 산업 생태계의 수직적, 수평적 협력 구조를 완성하는 핵심 연결고리이다.

2 | 대한민국 중소기업의 현안 및 성장 저해 요소

2.1 구조적·내부적 심각 문제점

중소기업이 현재 가장 심각하게 직면하고 있는 내부적, 구조적 문제점을 분석하여 정리하면 다음과 같이 구분된다.

2.1.1 만성적인 인력난과 고령화

첫째, 인재 확보의 어려움 및 핵심 인력 유출중소기업은 대기업 대비 낮은 임금, 열악한 근무 환경, 상대적으로 부족한 복지 수준 등으로 인해 청년층 구직자로부터 외면당하고 있다. 이로 인해 인력 부족률이 대기업 대비 2배 이상 높은 상황이 지속되고 있으며, 특히 기술직이나 숙련 기능직과 같은 핵심 인력의 확보 및 장기근속 유지가 매우 어렵다. 확보된 인력마저도 낮은 장래성 전망 등으로 인해 대기업이나 공공부문으로 유출되는 현상이 심화되고 있다.

둘째, 고령화 심화 및 생산성 저하, 중소기업 CEO를 포함한 최고경영 CTO, CFO 계층 및 근로자의 고령화가 빠르게 진행되면서 생산성 감소 위험에 직면해 있다. 숙련된 고령 인력의 노하우(Know-how) 전수가 원활하지 못하고, 새로운 디지털 기술 및 혁신 기술 도입에 대한 수용 속도가 저하되는 문제도 발생하고 있다. 또한, 사업 승계 문제 역시 고령화와 맞물려 중소기업의 지속가능성을 위협하는 심각한 요인이다.

2.1.2 낮은 생산성 및 수익성 악화

첫째, 부가가치율 및 매출액 영업이익률 하락이며 중소기업 부문은 대기업에 비해 부가가치율, 매출액영업이익률 등의 생산성 및 수익성 지표가 지속적으로 하락하고 있다. 이는 규모의 경제 실현이 어렵고, 혁신적인 기술개발 및 설비 투자에 대한 자금조달 능력도 문제이지만 투자자로부터 투자를 외면당하는 것이며 이러한 현상은 중소기업이 보유한 핵심적인 기술과 미래 사업 성장과 발전 가능성에 대한 정보 제공이 부족한 데 기인한다.

둘째, R&D 투자 부진 및 낮은 사업화 성공률은 중소기업의 기술연구개발(R&D) 투자는 여전히 부진하며, 기술개발 성공률은 높은 편이지만 이를 실제 시장에서 성공적인 제품이나 서비스로 전환하는 사업화 성공률은 현저히 낮다(기술개발 성공률 약 95%, 사업화 성공률 약 53.5%). 이는 기술개발과 시장 수요 간의 미스매치, 후속 자금조달의 어려움, 그리고 사업화 과정의 전문성 부족 등이 복합적으로 작용한 결과이다.

2.1.3 자본 조달의 취약성 및 신용 위험

첫째, 높은 대외 의존도와 신용 위험중소기업은 대기업에 비해 금융권 대출 의존도가 높고, 신용도가 낮아 자금조달 비용이 높다. 국내외 경제 불확실성이 지속되면서 중소기업의 신용 위험 지수는 대기업보다 높게 유지되고 있어, 수익성 악화와 맞물려 유동성 위기에 취약한 구조를 가지고 있다.

둘째, 수도권 경제력 집중 문제중소기업의 절반 이상이 수도권에 몰리면서 지역 경제의 불균형이 심화되고 있다. 이는 지방 소재 중소기업의 경우 인력난과 자본 조달의 어려움이 더욱 가중되는 결과를 낳으며, 국가 균형 발전 및 지방 소멸 위기와 직결되는 문제이다.

이러한 문제를 해결하기 위해서는 정책자금 심사/집행 속도 가속화로 벤처투자(VC)의 투자금 선(先) 집행, 정책자금 후(後) 매칭 방식을 전면 도입하여 자금 지원의 골든타임을 확보할 수 있는 제도와 정책이 수반되어야 한다.

2.2 국내 시장 및 정책적 한계

중소기업이 국내 시장에서 성장을 정체시키거나 자발적으로 성장을 회피하게 만드는 정책적, 환경적 요인들이 존재한다.

2.2.1 피터팬 증후군과 성장 유인 둔화

첫째, 중소기업 졸업 지원 감소 문제중소기업이 일정 규모 이상으로 성장할 경우, 정부의 각종 지원 사업(세제 혜택, 금융 지원, R&D 보조금 등)에서 제외되거나 지원 비율이 크게 줄어드는 피터팬 증후군이 만연해 있다. 이로 인해 기업들은 성장을 통한 이익보다 지원 상실에 따른 손해가 더 크다고 판단하여 성장을 의도적으로 억제하는 현상이 나타난다. 이는 기업의 혁신 동기를 약화시키고 규모 확대를 통한 경쟁력 강화를 저해한다.

참고로 중소기업 "피터팬 증후군"은 중소기업이 특정 규모 이상으로 성장을 일부러 회피하거나 억제하는 현상으로 핵심적인 이유는 다음과 같이 정리할 수 있다. 지원 혜택 단절로 기업이 중견기업으로 분류되는 일정 기준(주로 매출액, 자산 규모)을 초과하게 되면, 중소기업에게만 주어지던 세제 혜택, 정책자금 지원, R&D 보조금 등의 정부 지원이 대폭 줄거나 완전히 중단된다. 그리고 손익 계산으로 기업들은 성장을 통해 얻는 이익보다, 지원 상실에 따른 비용 증가 및 세금 부담이 더 크다고 판단하여 성장을 멈추는 선택을 한다. 이것은 기업이 혁신 동기를 잃고 규모의 경제를 실현하지 못하게 하여, 결과적으로 국가 경제의 잠재적 성장력을 저해하는 구조적인 문제를 비유한 의미이다.

둘째, 분산되고 비효율적인 지원 시스템으로 정부 및 공공기관의 중소기업 지원 사업이 부처별, 기관별로 분산되어 있어 기업들은 필요한 지원을 찾고 활용하는 데 과도한 행정력과 시간을 소모한다. 이는 지원 사업의 효과성을 떨어뜨리고, 기업이 핵심 역량 강화가 아닌 행정 업무에 집중하게 만드는 비효율의 늪을 초래한다.

2.2.2 규제 환경 및 비즈니스 비효율성

우리 대한민국의 중소기업은 여전히 복잡하고 예측 불가능한 규제 환경에 노출되어 있다. 특히 신기술 및 신산업 분야에서 규제가 시장 진입의 장벽으로 작용하며, 빠른 의사결정과 혁신을 요구하는 글로벌 경쟁 환경에 대한 대응 속도를 늦추고 있다. 기업의 최고경영자 층에서는 "규제 지옥 및 비효율의 늪"이라는 자조적인 표현이 나올 만큼, 중소기업의 활력을 저해하는 비즈니스 환경 개선이 매우 시급한 요소이다.

2.3 글로벌 시장 진출 저해 요소

국내 시장을 넘어 국외 시장에서 지속적인 발전을 이루지 못하는 핵심적인 요소들의 내용을 검토 분석한 결과를 다음과 같이 정리하였다.

2.3.1 글로벌 공급망 리스크 및 환경 변화 대응력 부족

첫째, 중소기업은 핵심 원부자재를 특정 국가(ex: 중국, 일본)에 크게 의존하고 있어 수급 불안정 문제에 매우 취약하다. 이러한 높은 대외 의존도는 단순한 공급 차질을 넘어, 원자재의 가격 변동성을 심화시키고 제품 제조 시 품질 및 수율 문제를 야기한다. 이는 기업의 이윤 확보와 사업 지속 가능성에 직접적인 영향을 미치는 핵심적인 문제다. 더불어, 글로벌 공급망 불안정 및 미·중 갈등과 같은 지정학적 리스크에 노출되어 생산 비용 증가와 납기 지연을 초래하며, 최종적으로는 국제 경쟁력 하락으로 직결된다.

둘째, 탄소중립 및 ESG 규제 대응 능력 미흡으로 유럽연합(EU)의 탄소국경조정제도(CBAM:Carbon Border Adjustment Mechanism) 등 전 세계적으로 탄소중립 및 ESG(환경·사회·지배구조) 관련 규제가 강화되고 있다. 대기업은 비교적 빠르게 대응하고 있으나, 중소기업은 자금, 인력, 정보 부족으로 인해 온실가스 배출 저감 및 친환경 기술 도입 역량이 현저히 낮아 수출 시장에서 경쟁력을 잃을 위험에 처해 있다.

2.3.2 해외시장 진출 역량 및 기술 격차

첫째, 기술사업화 및 해외 마케팅 역량 부족중소기업은 혁신 기술을 보유하고 있음에도 불구하고, 이를 글로벌 스탠더드에 맞춰 상업화하고 해외시장에 효과적으로 마케팅할 수 있는 전문 인력과 노하우(Know-how) 즉, 실천적 지식(Practical Knowledge)이 부족하다. 기술개발 성과가 국내에 머무르거나 해외시장에서 즉각적인 경쟁력을 확보하지 못하는 원인이 된다.

둘째, 디지털 및 AI 전환 격차 심화로, 인공지능(AI)이 국가 경쟁력을 좌우하는 전략 분야로 부상했음에도 불구하고, 중소기업은 AI 전환을 위한 자본, 전문 인력, 인프라 면에서 대기업 및 글로벌 기업에 비해 상대적으로 불리한 위치에 있다. 이는 기술 격차를 심화시키고, 미래 산업 생태계에서 도태될 위험을 높인다.

2.3.3 국제적 기술 안보 및 리스크 대응

1) 기술 안보 및 공급망 회복탄력성(Resilience) 강화

글로벌 공급망 재편과 기술 패권 경쟁 심화 속에서 중소기업이 기술 안보의 핵심 주체와 역할이 분명하고 명확해야 하며 세부적인 내용은 다음과 같다. 핵심 품목의 공급망 안정화는 국가 안보와 직결되며, 중소기업의 소부장(소재·부품·장비) 역량이 곧 국가의 기술 주권이다. 이를 구체적으로 실행하기 위한 방안으로 국가 첨단 전략기술 공급망 기업 지정 및 파격 지원으로 반도체, 바이오, 이차전지 등 국가 첨단 전략기술 분야에서 특정 역할을 수행하는 중소기업을 공급망 핵심 기업으로 지정하고, R&D 세제 혜택 및 시설 투자 자금을 최고 수준으로 지원해야 한다.

또한, 공급망 다변화 컨설팅 및 보험 지원으로 중소기업의 수입처 다변화를 위한 전문 컨설팅을 인센티브 기반 모델화하고, 공급망 위험 발생 시 손실을 보전할 수 있는 공급망 안정화 전용 보험 상품의 가입 비용은 정부의 지원 필요하다.

2) 국제 통상 마찰 및 법률 리스크 대응 역량 강화

해외 진출 시 중소기업이 가장 취약한 부분이 법률 및 통상 마찰 대응이다. 이를 위한 시스템적 지원을 강화해야 한다. 미·중 통상 갈등, 반덤핑 규제, 기술 유출 등 해외 진출 시 발생하는 비(非)기술적 리스크에 대한 대응이 중소기업에게는 거의 불가능한 것은 자명한 사실이다. 이를 구체적으로 실행하기 위한 방안은 수출 중소기업 법률 자문 비용 세제 공제 확대이며, 해외 특허 분쟁, 통상 마찰, 국제 계약 관련 법률 자문 비용을 R&D 비용에 준하여 세액을 공제하도록 확대한다. 글로벌 통상 법률 인큐베이팅 프로그램 운영으로 KOTRA, 대한상공회의소 등과 연계하여 변호사, 회계사, 통상 전문가가 중소기업의 해외 계약 전 과정을 밀착 지원하는 장기 튜터링(Long-term Tutoring) 제도를 구축하고 운영해야 한다.

3 | 지속가능한 발전을 위한 핵심 요소와 전략

중소기업이 현안을 극복하고 국내외 시장에서 지속적인 발전을 이루기 위해 필요한 핵심 요소와 전략을 4가지 축으로 설명하고 중소기업 발전을 위한 정책적 전략으로 활용할 수 있도록 제시한다.

3.1 기술 및 디지털 혁신전략

기술 및 디지털 전환은 중소기업의 생산성 제고와 미래 경쟁력 확보를 위한 가장 핵심적인 요소이다.

3.1.1 인공지능(AI) 기반 생산성 혁신

첫째, 지역특화 AI 센터 구축 및 보급 확대로 중소기업 현장의 생산 효율화를 목표로, 지역별 산업 특성에 맞는"지역특화 인공지능(AI) 센터"를 구축하고 권역별 연구 기관(TP) 및 지방자치단체와의 협력 연계를 강화해야 한다. 이를 통해 공장·기업 간 디지털 연결을 촉진하고, 개별 설비 중심을 넘어선 공정 솔루션으로 AI 보급 가속화가 필요하다.

둘째, 제조 데이터 표준 및 공유 플랫폼 구축중소기업이 자체적으로 축적하기 어려운 제조 데이터를 표준화하고 공유할 수 있는 플랫폼을 구축하여, 데이터 기반의 의사결정 및 공정 개선을 지원해야 한다. 이는 중소기업의 생산성을 단기간에 끌어 올리는 중요한 발판이 될 수 있다.

3.1.2 전략기술 R&D 혁신 및 사업화 성과 강화

첫째, 국가 전략기술 분야 R&D 지원 확대, 정부 R&D 지원을 국가 전략기술 분야(반도체, AI, 바이오 등)에 50% 이상 집중하고, 중소기업의 참여를 독려해야 한다. 단순한 양적 목표 관리에서 벗어나"정부 연구개발 과제를 통한 기술사업화 성과 창출" 중심으로 지원 제도를 개편하고, 시장 및 기술 전문가가 R&D 성과를 검증하는 시스템을 도입하여 사업의 효과성을 극대화해야 한다.

둘째, 산학연 공동 기술개발 및 기술 이전 활성화로 대학 연구기관과의 공동 R&D 프로그램을 세밀하게 구분하여 확대하고, 대기업이 보유한 미활용 특허 및 기술을 중소기업에 저렴하게 이전하는 메커니즘을 활성화하여 중소기업의 기술 수준을 빠르게 끌어올려야 한다.

셋째, 지식재산권(IP) 기반의 R&D 전략 및 보호 강화(보완) R&D 기획 단계부터 시장성 높은 IP 확보를 목표로 하는"IP-R&D 전략"을 인센티브 기반 모델하고, 중소기업의 해외 특허 출원 및 등록 비용을 지원해야 한다. 특히, 글로벌 시장 진출 시 발생할 수 있는 특허 침해

분쟁에 대응할 수 있도록 법률 컨설팅 및 기술 보호 체계를 강화해야 한다. 2025년 현재 중소기업부 산하기관인 중소기업기술정보진흥원의 TIPS에 일부 지원하고 있으나, 정부기관에서 실행하는 정부 R&D 사업에서는 동일한 지원이 필요하다. 아울러 정부 R&D 지원 사업의 의무 이행 조건으로 국제 특허 출원/유지 비용 및 기술 분쟁 대비 법률 자문 보험 가입을 패키지로 지원하는 방안도 검토를 통한 지원전략이 필요하며, 이는 단순 기술개발을 넘어 글로벌 기술 주권을 확보하는 실질적인 방어 체계임을 간과해서는 절대로 안 된다.

3.2 인재 확보 및 조직문화 혁신

만성적인 인력난을 해소하고 기업의 장기적인 지속가능성을 확보하기 위해서는 인재 중심의 조직문화와 근로환경 혁신이 필수적이다.

3.2.1 근로환경 및 복지 수준의 획기적 개선

첫째, 중소기업 맞춤형 ESG 경영 도입중소기업 특성에 맞는 ESG(환경·사회·지배 구조) 관리 지표를 정립하고, 특히 사회(Social) 부문(고용 관행, 산업 안전, 근로 시간 준수)의 역량을 고도화해야 한다. 근로자의 안전 및 보건 관리, 공정한 처우와 임금 제공, 법규상 근로시간 준수 및 휴식 시간 보장을 통해 중소기업의 내부 브랜드를 개선하고 구직자들의 인식을 긍정적으로 전환해야 한다.

둘째, 핵심 인력 근속 유지를 위한 인센티브 확대로 핵심 기술 인력에 대한 소득세 감면 확대, 장기 재직 지원 사업 강화 등 근속 유지를 위한 실질적인 지원을 확대해야 한다. 또한, 중소기업 공동 직장 어린이집이나 근로자 휴양 시설 등 복지 시설에 대한 정책적 지원을 늘려 대기업과의 복지 격차를 줄여야 한다.

3.2.2 인력 수급 구조 개편

첫째, 지역 거점별 인력 양성 체계 구축으로 수도권 중심의 인력 수급 불균형 문제를 해소하기 위해 지역 대학 및 마이스터고와 연계한 맞춤형 인력 양성 프로그램을 확대하고, 지방 소재 중소기업에 대한 청년 인력 유입 인센티브를 강화해야 한다.

둘째, 외국인 숙련 인력 및 고령 인력 활용 방안 마련으로 숙련된 외국인 인력의 유입을 활성화하고, 특히 60세 이상의 고령 인력 중 전문가로 기업과 기관에서 근무하다 퇴직하기 때문에 우수한 인적 자원이 다수 포함되어 있고, 또한 건강한 육체와 정신을 갖춘 대한민국 국민으로 건강한 삶을 유지하고 싶어 하기 때문에 단순한 고령자란 시각에서 탈피하여 능력에 따라 재취업 및 근무를 지속할 수 있도록 유연한 고용 제도를 마련해야 한다. 이는 만성적인 기술·기능직 인력 부족 문제를 해결하는 데 결정적으로 기여할 수 있다.

3.3 자본 및 금융 생태계 개선 전략

성장 단계별 자금조달의 어려움을 해소하고 혁신을 뒷받침하는 금융 생태계를 구축해야 한다.

3.3.1 성장 사다리 정책의 혁신

첫째, 앞서 언급한 피터팬 증후군 해소를 위한 지원 연계 시스템 도입으로 기업이 중견기업으로 성장하더라도 지원이 급격히 단절되지 않도록, 성장 단계에 따라 지원 비율을 점진적으로 축소하거나, 중견기업 진입 초기 단계에 맞는 맞춤형 성장 촉진 패키지 지원 제도를 도입해야 한다. 성장 그 자체가 기업에게는 더 큰 이익과 기회를 제공한다는 인식을 심어주어야 하고, 더 큰 발전을 이루는 미래로 도전과 전진할 수 있도록 기회와 용기 그리 희망을 품을 수 있도록 해야 한다.

둘째, 혁신 금융 및 기술 가치 평가 기반 투자 확대로 담보 위주의 보증 대신 기술력, 성장 잠재력, 무형자산 가치 등을 종합적으로 평가하는 21세기 4차산업 AI 시대 대한민국 기술 강국에 부합된 "혁신 금융" 시스템을 정착시켜야 한다. 정책자금 지원도 단순 대출보다는 투자 형식의 자금 지원 비중을 확대하여 기업의 재무 건전성을 확보하고 혁신 동기를 부여해야 한다.

셋째, M&A 및 Exit 활성화를 통한 자본의 선순환 촉진(보완) 성장

궤도에 오른 혁신 중소기업이 대기업과의 M&A를 통해 자본을 회수하고 재투자할 수 있도록 M&A 관련 양도소득세 감면 및 취득세 인하 등 세제 혜택을 강화해야 한다. 이를 통해 성공적인 Exit 모델을 제시하고, 벤처 자본의 회수 및 재투자 환경을 조성하여 피터팬 증후군을 근본적으로 해소해야 한다. 또한, 중견기업은 글로벌시장 진출과 기술혁신의 교두보 역할을 한다. 중견기업을 스케일업(Scale-up) 단계로 정의하고, 세제 혜택·M&A 지원·해외 진출 펀드 등을 통해 중소기업이 중견기업으로 성장할 수 있는 사다리를 마련해야 한다.

또 다른 피터팬 증후군을 방지하기 위한 대안을 제시하면, 중소기업 기술개발 R&D 예산 중 일부(ex: 5%)를 핵심 직원 아이디어 검증 및 사업화를 위한 내부 시드 펀드(Internal Spin-off Seed Fund)에 할당하도록 정책적 유도로 직원들이 기업가정신(Intrapreneurship)을 발휘하여 새로운 사업 분야를 개척하고, 성공 시 스핀오프를 통해 회사 성장의 동반자가 되도록 설계하여 인재의 혁신 의지를 고취시키는 방안도 고려가 필요하다. 물론 이 같은 경우는, 정부의 법적, 제도적 정비가 필요하고, 면밀한 검토와 실행 전략 수립이 필요하다.

3.3.2 세제 및 재정지원의 효율화

첫째, AI 및 첨단 기술 투자에 대한 세제 혜택 강화로 AI 디지털 전환 관련 시설 및 기술개발 투자에 대한 세액 공제율을 대폭 확대하여 중소기업의 혁신 투자를 유도해야 한다. 특히 AI 관련 스타트업 및 중소기업에 대한 세무 감사 부담 완화 및 환급 절차 가속화를 통해 초기 유동성 확보를 지원해야 한다.

둘째, 분산된 지원 사업의 패키지화 및 통합 관리 및 규제 혁신으로 부처별로 분산된 중소기업 지원 사업을 성장 단계(창업-성장-성숙) 및 분야(기술-인력-자금)별로 통합하여 "맞춤형 패키지" 형태로 제공하고, 이를 통합적으로 관리할 수 있는 단일 플랫폼을 구축하여 기업의 행정 부담을 최소화해야 한다.

셋째, 포괄적 네거티브 규제 시스템의 전면 도입을 통한 혁신 촉진: 신기술 및 신산업뿐만 아니라 기존 산업의 혁신 과정 전반에 걸쳐 "선(先) 허용", "후(後) 규제"의 포괄적 네거티브 규제(Negative Regulation) 원칙을 확립하여, 기업이 예측 가능한 환경에서 자율적인 혁신을 시도할 수 있도록 규제 장벽을 근본적으로 철폐해야 한다. 규제 특례 적용 기간을 획기적으로 단축하고, 일몰 기한이 도래하는 규제에 대한 자동 재검토 시스템을 도입하여 비효율을 제거한다.

3.4 국내외 시장 확대 전략

우리 대한민국내의 중소기업 유형에 대하여 면밀히 파악한다면, 전통적인 제조, 서비스, 유통, 등 다양한 업종의 중소기업이 포화 된 국내 시장을 넘어 글로벌 강소기업으로 도약할 수 있는 시장 확대 전략이 필요하다. 또한 글로벌 시장 진출 시 국제적 기술 안보 및 리스크 대응 측면에 대한 분명하고 정확한 대응 전략 수립에 대한 제시는 2.3.3에서 설명하였다.

3.4.1 신산업 진출 및 사업 전환 촉진

첫째, 사업 전환 제도 전면 개편으로 기존 산업 내 유망 중소기업이 신산업(ex: 친환경 에너지, AI 융합 서비스, 콘텐츠, 바이오, 로봇 등)에 활발히 진출할 수 있도록 사업 전환 제도를 통해 중소기업이"제2의 창업"으로 간주하여 과감하게 지원과 동시에 맞춤형 패키지 형태의 관리가 필요하다. 정부 관련 부처가 규제 특례 신설, 전용 묶음(패키지) 지원 등을 통해 최대한 위험 부담(Risk)을 분담하여 성공을 뒷받침해야 한다.

둘째, 고부가가치 서비스업으로의 전환 지원으로 전통 제조업 중심의 중소기업 정책에서 벗어나, ICT, IoT, AICBM, BIO, ROBOT, 양자 컴퓨팅 솔루션, 신재생 에너지, 우주항공, 미래형 선박, UAM 등을 포함한 고부가가치 서비스업으로의 전환을 적극적으로 지원해야 한다. 기술, 사업화, 마케팅, 보안, 인증 컨설팅, 교육훈련, R&D를 포괄하는 종합적인 지원을 통해 서비스업의 생산성과 글로벌 경쟁력을 강화해야 한다.

3.4.2 글로벌 협력 기반의 해외시장 개척

첫째, 글로벌 대기업과의 수요 기반 협업 강화가 필요하며, 국내외 글로벌 대기업과 중소기업 간의 수요 기반 협업(구매, 공동개발, 기술 이전)을 촉진하여 중소기업의 기술을 테스트하고 시장성을 검증할 기회를 제공해야 한다. 특히 해외 대기업과의 네트워크 구축을 통해 중소기업의 해외 판로 개척을 간접적으로 지원해야 한다.

둘째, 글로벌 공급망 재편 대응 지원으로 핵심 원부자재의 수입처 다변화 및 국내 생산 기반 구축에 대한 금융 및 세제 지원을 강화하여 공급망 리스크에 대한 중소기업의 자체적인 대응 역량을 높여야 한다. 또한, ODA(Official Development Assistance, 공적 개발 원조) 연계 및 FTA(Free Trade Agreement, 자유무역협정) 활용 교육을 확대하여 신흥 시장 진출을 위한 발판을 마련해야 한다. 글로벌 공급망 위기 대응 체계 준비로 필요한 요소는 핵심 소재·부품 국산화, 다변화된 수입선 확보, 공동 비축 시스템 구축이다.

4 | 정책 제언

앞서 언급한 내용을 기반으로 우리 대한민국의 중소기업이 기술개발과 함께 지속적인 성장을 통해 고용 창출과 국가 발전과 경제에 중추적인 허리 역할을 더욱 충실히 하기 위해서 다음과 같은 5개 항목 15개 요소에 대한 정책을 제언한다.

1) 자금 및 R&D 투자 혁신(Innovation in Funding & R&D)

중소기업의 자금 및 R&D 투자 혁신을 통해 지속적인 성장을 이루기 위한 핵심 요소와 그 시너지는 기술 가치 중심의 자금조달과 민관 협력을 통한 위험 분산에 있다.

첫째, 기술 가치 중심 자금조달 혁신을 통한 무담보 및 기술성 평가 기반의 투자 및 보증 제도 확대로 창의적 R&D 활성화를 유도해야 한다.

둘째, 전략기술 R&D 전용 펀드를 통해 중소기업의 초격차 및 미래 전략 분야 기술개발에 투자 집중이 필요하며, 단기 성과주의 탈피하여 장기적 기술 경쟁력 확보가 필요하다.

셋째, 민관 공동 출자 기술사업화 펀드를 통해 민간의 시장 전문성과 정부의 재원을 결합한 투자 모델 구축이 필요하며, 투자 효율성 제고를 높일 수 있도록 기술의 시장 적합성 및 사업화 성공률 향상을 이룰 수 있는 혁신이 필요하다.

가. 기술 가치 중심 자금조달 혁신

① 중소기업의 유형 자산(부동산 등) 대신, 보유한 기술력, 성장 잠재력, 미래 현금 흐름을 중심으로 기술성 평가를 통해 무담보 투자 및 보증을 확대한다.

- 현재 시행되고 있는 예를 들어 설명하면, 중소벤처부에서 시행하고 있는 TIPS 프로그램 확대 적용, 기술평가 보증 연계 강화가 가장 좋은 사례다. 이것은 민간 투자 주도형 기술 창업 지원(Tech Incubator Program for Startup Korea)이며, 지원 단계는 4단계로 구분되며, TIPS 프로그램의 목적은 세계 시장을 선도할 기술 아이템을 보유한 창업팀을 민간 주도로 발굴하고 육성하기 위함이며, 운영 방식은 민간 투자사가 유망 스타트업에 선투자 및 보육하고, 정부가 R&D 자금(2025년 현재, 최대 5억 원), 창업 사업화 및 해외 마케팅 자금(각 최대 1억 원)을 매칭 지원하는 방식으로 운영된다.

- Pre-TIPS, 초기 창업기업 대상, 사업 아이템 구체화 지원,
- TIPS, 본격적인 성장 단계의 스타트업 지원,
- Post-TIPS, 성장 이후의 스케일업 지원,
- Global TIPS, 해외 진출을 희망하는 기업 대상이며, 이 프로그램은 창업진흥원과 한국엔젤투자협회 등이 협력하여 운영하며, 기술 기반 스타트업의 성장을 촉진하는 대표적인 정부 지원 사업 중 하나이다.

② 시너지 창출이며 기술에 대한 정당한 가치 평가가 이루어지면, 재무 상태가 취약한 혁신형 스타트업이나 벤처 기업도 자금을 쉽게 확보할 수 있다. 이는 곧 중소기업이 위험을 감수하는 창의적 R&D에 집중할 수 있도록 지원하여 혁신을 가속화 한다.

나. 전략기술 R&D 전용 펀드

① 기존의 광범위한 R&D 지원을 넘어, 국가 경제 안보나 미래 산업 선점에 필수적인 전략기술 분야에 R&D 예산과 펀드를 집중하여 투자한다.

② 시너지 창출 측면에서 정부가 명확한 방향을 제시하여 중소기업이 단기적인 성과주의에서 벗어나 장기적인 관점에서 핵심 기술을 확보하도록 유도한다. 이 투자는 기술개발의 성공률을 높이고, 궁극적으로 대기업과의 기술 격차를 축소하여 산업 전반의 경쟁력을 끌어 올린다.

다. 민관 공동 출자 기술사업화 펀드

핵심 요소를 언급하면, 정부가 마중물 역할을 하고, 민간 벤처캐피탈(VC) 및 금융기관이 공동으로 출자하여 기술 혁신형 기업에 투자하는 펀드를 조성한다. 이로 인한 시너지는 민간 전문 투자자의 시장성 및 사업화 가능성 분석 노하우가 결합 되어 투자 결정의 객관성 및 효율성이 높아진다. 이는 단순히 기술개발에 머무르지 않고, 개발된 기술이 실제 시장에서 성공적으로 사업화될 확률을 극대화하는 결과를 충분히 가져올 수 있다.

표-8 자금 및 R&D 투자 혁신 정책 목표

항목 (원안)	보완 및 수정 (객관성 강화)	정책 목표
1. 중소기업 혁신 R&D 펀드 확대	- 중소기업 전략기술 R&D 전용 펀드 규모 확대	- 미래 성장 동력 확보를 위한 초격차 분야 기술 투자 집중
2. 정부·민간 공동 출자 방식으로 기술혁신형 펀드 조성	- 민관 공동 출자 기술사업화 펀드 조성 및 활성화	- 민간의 시장 전문성 활용 및 투자 리스크 분산을 통한 자금 확보
3. 기술성 평가 기반의 무담보 투자 제도 확대	- 기술력 기반 보증 및 투자 연계 제도 혁신 (TIPS 방식 확대)	- 중소기업의 기술 가치를 최우선으로 평가하여, 재무적 담보 의존도를 낮춘 자금조달 기회 확대

2) 지역 기반 인재 및 기술혁신 생태계 구축 (Local & Talent Ecosystem)

지역 기반 인재 및 기술혁신 생태계는 지역 특성을 살린 인재 양성(Talent), 기술 경쟁력 확보(Technology), 그리고 주체 간의 강력한 연결성(Ecosystem)을 통해 지역 스스로 혁신하고 성장하는 자립적 선순환 구조를 만드는 것이며, 선순환적 지역 성장, 지역 자립적 혁신 역량 강화, 국가 균형 발전 및 격차 해소, 좋은 일자리 창출 이것을 핵심 목표이자 가치로 삼아야 한다. 지역 혁신 특화 펀드 조성은 인센티브 기반 모델화가 필요하며, 지방자치단체와 연계하여 지역 소멸 위기 대응 차원에서 지역특화 산업에만 투자하는 벤처 펀드 조성 목표를 명시하여, 지역 클러스터의 자생력을 강화하는 방안으로 추진이 필요하다.

표-9 지역 기반 생태계 공동 연구 및 실증 시설 구축

항목 (원안)	보완 및 수정 (객관성 강화)	정책 목표
4. 지역 혁신 클러스터 강화	- 지역별 혁신 클러스터의 선택과 집중을 통한 특화	- 지역의 주력 산업과 연계하여 고유한 혁신 역량을 갖춘 산업 클러스터 육성
5. 지방 대학과 연계한 지역 산업 특화 인재양성 허브 설립	- 지역 대학-산업 협력형 인재 양성 허브 설립 - 지역의 주력 산업과 연계하여 고유한 혁신 역량을 갖춘 산업 클러스터 육성	- 지역 중소기업의 실질적인 인력 수요를 반영한 맞춤형 교육 제공 및 지역 청년의 정주율 제고
6. 지역별 중소기업 기술혁신 캠퍼스 모델 도입	- 지역 산업 특화 공동 연구 및 실증 시설 구축	- 중소기업이 고가의 장비와 전문 인력을 공동으로 활용할 수 있는 개방형 혁신 인프라 제공

3) 기술개발 및 사업화 통합 지원
(Integrated Commercialization Support)

기술개발 및 사업화 통합 지원은 기술(Technology), 시장(Market), 자본(Finance)의 3대 요소가 단절 없이 시너지를 내도록 연계하여, R&D 결과물이 실질적인 경제적·사회적 성공으로 전환되는 효율적인 시스템을 구축하는 데 그 가치가 있다. 이것의 핵심적 가치(Core Values & Outcomes)는 연구개발 성과 극대화로 단순 논문이나 특허로 끝나지 않고, 실질적인 경제적 가치 창출과 혁신 성장 동력 확보, 기업의 경쟁력 강화, 일자리 창출 및 사회문제 해결 등의 시너지 창출을 가져온다.

표-10 기술개발과 사업화 통합 지원 정책 목표

항목 (원안)	보완 및 수정 (객관성 강화)	정책 목표
7. 산학연 연계 혁신 플랫폼 구축	- 디지털 기반 산학연 공동 혁신 플랫폼 고도화	- 기술 수요-공급자 간의 정보 비대칭성 해소 및 신속한 협력 매칭 시스템 구축
8. 정부-기업-대학이 공동으로 운영하는 기술 실증(PoC) 센터 운영	- 지역 산업 특화 공동 연구 및 실증 시설 구축 (실증:상용화 직전의 기술/품질 검증, Proof of Concept) - 공인된 기술 검증 및 신뢰성 확보 체계 구축	- 기술개발 결과가 실제 시장에서 검증될 수 있도록 공인된 실증 환경 및 테스트 베드 제공
9. 기술개발-시제품-사업화 단계의 통합 지원 시스템 마련	- 全 주기 통합 지원을 위한 원스톱 사업화 지원 체계 구축	- 기술개발 죽음의 계곡(Death Valley) 극복을 위해 단계별 단절 없이 자금, 컨설팅, 마케팅을 연계 지원

4) 글로벌 시장 확장 전략(Global Market Expansion)

글로벌 시장 확장 전략은 현지화를 통한 고객 공감대 형성과 시스템 및 인재를 통한 효율적인 운영을 핵심으로 하여, 기업이 규모의 경제를 실현하고 지속적인 성장 동력 및 경쟁 우위를 확보하는 데 가장 큰 가치가 있다. 핵심적 가치(Core Values & Outcomes)는 성장 기회 극대화로 더 넓고 성장 가능성이 높은 글로벌 고객 기반 규모의 경제

(Economy of Scale) 실현, 위험 분산 및 안전성 확보, 경쟁 우위 및 브랜드 가치 제고, 핵심역량 강화 및 혁신 촉진의 시너지를 가져올 수 있다.

표-11 글로벌 시장 확장 정책 목표

항목 (원안)	보완 및 수정 (일관성 강화)	정책 목표
10. 글로벌 네트워크 확장	- (포괄적) 중소기업 글로벌 진출 네트워크 확대	- 해외시장 개척을 위한 정보 및 인프라 기반 강화
11. KOTRA, 중진공을 통한 해외 파트너십 플랫폼 상시 운영	- KOTRA, 중진공 기반 상시·전문 해외 파트너링 플랫폼 운영	- 무역, 투자, 기술 협력 등 다각적인 형태의 해외 파트너십 발굴 및 성사율 제고
12. 국제 기술 표준 컨소시엄 참여 지원 확대	- 국제 표준화 및 기술 컨소시엄 참여 지원 강화	- 중소기업의 기술이 글로벌 표준으로 채택되도록 지원하여 시장 선점 및 경쟁 우위 확보

5) 중소기업의 지속 가능한 발전을 위한 3대 핵심 로드맵

① I 단계(3년 이내)는 위기 극복 및 체질 개선 로드맵으로 인력난 해소 및 디지털 전환 기반 구축을 핵심 목표로 하며, 인적 자원 확보와 AI 기반 생산성 혁신을 핵심 요소로 한다. 이를 통해 중소기업은 핵심 인재의 이탈을 방지하고 생산 시스템의 효율성 및 안정성을 확보함으로써 장기적인 성장을 위한 자생력 있는 기업 체질을 갖추게 된다. 특히 성장 단계별 지원 완충제 도입은 중소기업이 지원

축소에 따른 충격 없이 다음 단계로, 안정적으로 도약할 수 있는 기반을 마련해 준다.

② Ⅱ단계 (5년 이내)는 혁신 성장 및 글로벌 도약 로드맵으로 고부가 가치화 및 해외시장 경쟁력 확보를 핵심 목표로 하며, 전략기술 R&D 집중 투자와 IP(지식재산) 기반 글로벌 보호 전략이 핵심 요소이다. 중소기업은 국가 전략 기술 분야에서 기술적 우위를 선점하고, 해외 특허 출원을 통해 핵심 기술을 보호하여 글로벌 분쟁 리스크를 줄인다. 또한, 신산업 전환 지원을 통해 시장 변화에 선제적으로 대응하며 고부가가치 제품 및 서비스를 창출하여 해외시장에서의 경쟁 우위와 시장 점유율을 높이는 것이 궁극적인 가치이다.

③ Ⅲ단계 (10년 이내) 선도형 경제 생태계 완성 로드맵으로 대기업-중소기업 상생 기반의 글로벌 선도를 핵심 목표로 하며, M&A를 통한 자본 선순환 메커니즘 구축과 기술 가치 기반의 혁신 금융 정착이 핵심 요소다. 성공적인 M&A를 통한 자본 회수는 창업과 재투자로 이어지는 건강한 생태계를 만들고, AI, 바이오 등 미래 산업 분야의 글로벌 강소기업을 집중적으로 육성함으로써 수출 시장을 선도하게 된다. 궁극적으로 기술력만으로 자금을 조달할 수 있는 금융 환경이 정착되어 혁신 기업의 성장이 가속화되고 국가 경제의 질적 성장을 견인하는 것이 최종 성과이다. 또 다른 중요한 사실은 바로 내부 혁신 생태계 및 기술 창업 촉진으로 핵심 인재가 기업

내에서 새로운 사업 아이디어를 실험하고 스핀오프(Spin-off) 형태의 제2 창업을 시도할 수 있도록 지원하는 내부 창업 생태계가 지속적인 기술 자생력의 근간이 된다는 것이다.

표-12 지속 가능한 발전을 위한 핵심 로드맵

단계	핵심 목표	주요 전략 (Key Initiatives)
13. I단계 (3년 이내) 위기 극복 및 체질 개선	- 인력난 해소 및 디지털 전환 기반 구축	1. 핵심 인력 인센티브 강화로 중소기업 근속 및 복지 지원 파격 확대 2. AI 도입 시범 사업으로 지역 특화 AI 센터 연계, 제조 데이터 표준화 및 보급 3. 성장 단계별 지원 연계로 피터팬 증후군 해소를 위한 지원 축소 완충제 도입
14. II단계 (5년 이내) 혁신 성장 및 글로벌 도약	- 고부가가치화 및 해외시장 경쟁력 확보	1. 전략기술 R&D 집중으로 국가 전략 기술 분야 R&D 지원 50% 이상 확대 2. IP 기반 R&D 전략 인센티브 기반 모델로 해외 특허 출원 지원 및 기술 보호 체계 강화 3. 신산업 전환 패키지 지원으로 유망 분야로의 사업 전환 시 규제 특례 및 자금 지원.
15. III단계 (10년 이내) 선도형 경제 생태계 완성	- 대기업-중소기업 상생 기반의 글로벌 선도	1. M&A 세제 지원 확대로 성공적인 Exit을 통한 자본 선순환 메커니즘 구축 2. 글로벌 선도 기업 육성으로 AI, 바이오 등 미래 산업 분야 글로벌 강소기업 집중 지원. 3. 자율 책임 기반의 금융 생태계 정착으로 기술 가치 평가 기반 혁신 금융 전면 도입 - 혁신 금융 플랫폼 구축으로 기술 가치 기반 평가제 도입, 중소기업 전용 금융 지원 체계 마련

5 | 실행 전략

앞서 중소기업의 지속 가능한 발전과 성장을 위한 5개항목 15개 요소를 제시하였다. 이제는 어떻게 실행 방안과 실행에 따른 비용 재원 확보에 필요한 내용을 제시한다. 혹자는 이 많은 계획을 실행하려면 막대한 세금이 더 필요할 것이라 질문할지 모른다. 하지만 저는 단호히 아니라고 말씀드린다.

우리 대한민국 중소기업과 인재 육성 전략, 정책에는 대단히 많은 금전적 투자와 제도적 지원이 따르고 있기 때문에 문제는 돈의 총량이 부족한 것이 아니라, 엉뚱한 곳에 흩어져 새고 있다는 것이다. 저는 흩어진 예산을 통폐합하고, 단기적 보조금 대신 **"기술 가치 평가"**와 **"성과 기반 투자"**로 물줄기를 바꾸어 더 똑똑한 재원을 확보해야 한다고 제시하는 것이다. 필요한 재원은 "비효율의 늪" 속에 잠겨있는 것을 꺼내는 것이라 할 수 있다.

구체적 방안으로 각 부처 및 기관에 분산된 수천 개의 단기적·보조금 성격 지원 사업을 전면 구조조정하고, 그 예산을 중소기업 인재 육성 전략의 15대 핵심 과제에 집중 재배치하는 방안을 명시한다. 특히, 산업계 전문 인력 확보를 위한 재원은 기존 고용/훈련 관련 예산(ex: 내일배움카드, 직업 능력 개발 훈련 예산 등) 중 비효율적인 부분을 통폐합하여 마련함을 명확히 한다.

비효율의 늪에서 확보 가능한 잠재적 재원은, 현재 중소기업, 인력 양성 예산 중 비효율적으로 운영되거나 집행되지 못하는 부분을 10%만 효율화하여 재배치하더라도 수천억 원 규모의 재원 확보가 가능하다.

중소기업 및 인력 관련 예산의 총규모 추정은, 중소벤처기업부 총예산 2025년 약 15.2조 원 내외, 고용노동부 직업 능력 개발 예산(내일배움카드 및 관련 훈련 포함) 수조 원 규모로 타 부처 중소기업 R&D/인력 지원 예산(산업부, 과기부 등) 수조 원 규모이며, 관련 중앙부처 예산을 합산하면, 중소기업 지원 및 인력 양성에 투입되는 연간 예산은 최소 20조 원 이상으로 추정된다. (창업 지원 3.3조 원, 중기부 15.2조 원 등 포함) 재원 효율화 목표 설정 및 확보액 계산은 재원 효율화 대상 예산(보수적 가정) 중소기업 및 인력 관련 예산 중 비효율이 명확한 5조 원 규모의 단기적·보조금 성격 사업 예산이다.

이러한 효율의 늪을 **"더 똑똑한 재원"**으로 전환이다. 이러한 내용의 검토와 분석된 내용을 종합하면 신규 증세가 아닌 기존 예산의 비효율적 사용이 문제인 요소가 있기 때문이며, 5,000억원 단기적 보조금 사업 등 비효율 예산 10%만 구조조정을 해도 확보 가능한 최소 재원이기 때문이다. 이 재원을 "기술 가치 평가 기반"의 "성과 기반 투자" 방식으로 전환하여, 중소기업 인재 육성 전략의 15대 핵심 과제에 집중 투입하면 더 똑똑한 재원이 되어 정책 효과를 극대화할 수 있다고 제시한다. 요약하면, 문제는 돈이 아니라 돈의 사용 방식이다. 흩어진 수천 개의 사업을 통합하고, 낮은 집행률과 미스매치를 개선하는 것만으로도 막대한 재원을 확보할 수 있고 3단계로 제시한다.

1단계는 초기 재원(예산 통합 불요) 중복·미집행 예산의 리터칭과 직업훈련 계정 내 미세조정이 필요하고, 목적기금·특별회계 등을 통하여 신규 재원을 확보한다.

2단계는 공동 집행 기반 결합 예산으로 부처 예산 "물리적 통합"이 아니라 "공동 성과지표 기반 집행"한다.

3단계는 성과 기반 구조조정·통합으로 정치적 승인 후 성과 연동형 통폐합 추진을 통한 순환 논리 제거로 정책 설계의 타당성 확보하는 방안으로 요약될 수 있다.

표-13 미스매치 개선 영역

비효율 지적 영역	현상 및 문제점	통합/재배치 논리
단기 보조금/바우처 사업	- 교육부, 고용부, 중기부 등 최소 3개 부처에 유사한 단기 훈련/교육 바우처가 중복, 운영되어 수혜 기업, 청년의 선택만 혼란 가중	- 단기 소모성 바우처 예산을 통합하고, 이를 채용 연계 계약학과 및 '산업 현장 전문가 그룹 육성 등 장기적인 인프라 구축 예산으로 전환
R&D 자금의 기술 사업화 미흡	- 정부R&D자금 중 상당 부분이 논문 및 특허 출원에만 그치고, 중소기업의 실제 매출 증대나 기술 이전으로 이어지지 않는 소규모/분절형 과제에 투입됨	- 기술 가치 평가 기반 금융을 통해 사업화 가능성이 낮은 R&D 과제 예산을 대폭 줄이고, 그 재원을 시장성 있는 기술의 M&A 지원금으로 전환하여 민간 투자 유도를 위한 마중물로 활용

인력 양성기관의 미스매치	- 대학 및 직업훈련기관의 공급자 중심 교육으로 인해 현장 실무와 동떨어진 인력이 배출되며, 교육-고용 간 연결 고리가 부재함	- 인력 양성 관련 예산의 배분 권한을 중소기업 인재 혁신 위원회로 집중하여, 오직 중소기업 취업 및 장기근속 성과가 검증된 기관에만 예산을 투입하는 성과 기반 예산 집행 시스템으로 전환

요약하면, 혁신 경제의 허리 구축과 글로벌 도약을 통한 기술 주권 확보가 필요하다. 분산되었던 예산은 "더 똑똑한 돈/재원"으로 혁신 기업에 집중되어 "허리 경제"를 구축한다. 기술 가치 평가 기반 금융 시스템 덕분에 아이디어와 기술력만 있다면 자금조달에 어려움을 겪지 않는다. 민간 투자자들은 과거처럼 부동산이나 금융 상품이 아닌, 기술력을 담보로 한 중소기업 M&A에 적극적으로 참여한다. 수많은 스타트업이 M&A를 통해 회수(Exit)에 성공하고, 그 자본을 재투자하여 새로운 혁신을 창출하는 기술 창업의 성공 신화가 일상이 되었다.

우리 대한민국은 대기업 위주의 수직적 구조에서 벗어나, 글로벌 기술 주권을 선도하는 수많은 **"작지만 강한 기술 강소기업"** 네트워크를 자랑하며 글로벌 공급망의 핵심 주체로 부상했다. 국제경영개발대학원(IMD) 국가 경쟁력 지수 중 기술 능력 부문은 아시아 최상위권으로 도약하며, 중소기업 혁신이 곧 "대한민국의 기술 주권"을 지킨다는 명분이 실현되었다.

6 | 결론

6.1 주요 내용 요약(Executive Summary)

대한민국 중소기업은 만성적인 인력난, 생산성 및 수익성 하락, 그리고 피터팬 증후군으로 대표되는 구조적 문제에 직면해 있으며, 대외적으로는 글로벌 공급망 재편 및 ESG 규제 강화라는 새로운 도전에 직면해 있다. 이러한 문제들을 극복하고 지속적인 성장을 이루기 위해서는 기술, 인재, 자본, 시장이라는 4가지 핵심 요소에 대한 혁신전략이 동시에 추진되어야 한다.

특히, AI 디지털 전환을 통한 생산성 획기적 제고와 ESG 경영을 통한 인재 확보 및 근로 환경 개선, 그리고 M&A 활성화를 통한 자본 선순환 구축이 중소기업의 생존과 도약을 결정하는 가장 중요한 요소로 판단된다. 정책적 측면에서는 지원의 양보다 질을 높이는 지원 체계의 맞춤형 패키지화 및 효율화가 시급하다.

6.2 정책적 시사점 및 미래 방향

각 단원에서 제시된 전략을 효과적으로 이행하기 위한 정책적 시사점은

“통합(Integration)”, “선택과 집중(Focus)”, “자율성 존중(Autonomy)”의 세 가지 원칙으로 요약될 수 있다.

첫째, 정책 통합(Integration)은 인력, 금융, 기술, 세제를 따로 다루는 분절적인 정책 접근에서 벗어나, AI 혁신을 중심으로 묶는“생태계 중심의 통합 프레임워크”를 구축해야 한다. 예를 들어 설명하면, AI 기술을 도입하는 중소기업에는 기술 R&D 자금, AI 인력 교육 비용 지원, 그리고 관련 투자에 대한 세제 혜택을 묶어 하나의 패키지로 제공하는 방식이다.

이러한 문제를 해결하기 위한 최적의 방법으로, 해당 분야별 최고 전문가로 숙련된 대한민국 기술 명장, 정부 산하기관 전문연구원, 기술사 중에서 충분한 학식으로 논리적 이론과 실무 기술적 역량을 갖춘 산업계 최고 전문가를 대학/마이스터고의 전문 교수로 임용하여 교육의 질적 혁신을 이루도록 한다.

둘째, 선택과 집중(Focus)은 전체 중소기업을 대상으로 하는 분산형 지원 대신, 성장 잠재력과 혁신 의지가 높은 “도약형 기업”을 선별하여 정부 지원의 자원을 집중적으로 투입해야 한다. 특히 국가 전략기술 분야 및 ESG 대응 역량 강화에 집중적인 지원이 이루어져야 한다.

셋째, 자율성 존중(Autonomy)은 기업의 성장을 저해하는 비효율적인 규제를 과감하게 철폐하고, 기업이 시장의 변화에 자율적으로 대응하고 혁신할 수 있도록 자율과 책임의 원칙을 확립해야 한다. 또한, 지방자치단체와 협력하여 지역 중소기업의 특수성을 반영한 맞춤형 정책을 설계하여 지역 경제의 활력을 되살려야 한다.

이러한 내용을 종합하여 결론으로 정리하면, 우리 대한민국 중소기업의 지속 가능한 미래는 단기적인 지원이 아닌, 혁신적인 기술 도입과 인재를 중시하는 경영환경 구축, 그리고 역동적인 Exit 메커니즘 확립이라는 구조적인 대전환에 달려있다. 정부와 민간이 협력하여 기업의 성장 동기를 회복시키고 글로벌 경쟁력을 강화한다면, 중소기업은 대한민국 경제의 새로운 도약을 이끄는 핵심 동력이 될 것이다.

자본 확보와 지원은 정부 정책자금, 벤처투자 확대가 필요하고, 기술혁신 강화에 필요한 디지털 전환 및 R&D 투자 필수이며, 인재 확보·조직문화 개선으로 교육, 유연 근무, 만족도 제고를 위한 기업과, 정부의 지원 정책이 함께 모색되어야 하며, 글로벌 진출 전략을 위한 인증·파트너십·온라인 플랫폼 활용이 필요하며, 지속 가능 경영으로 ESG 적용, 친환경 및 사회적 책임 경영이 필요하다.

대한민국 중소기업은 국가 산업의 뿌리이자 성장의 엔진이다. 그러나 현재 구조는 기술, 인재, 자본의 불균형으로 인해 혁신의 사슬이 끊겨 있다. 이제는 생존 지원 정책에서 혁신 성장 생태계 구축으로의 전환이 필요하다. 기술혁신, 인재 양성, 글로벌 협력의 삼박자가 맞춰질 때, 대한민국 중소기업은 단순한 부품 공급자가 아닌 세계 시장을 선도하는 혁신 주체로 도약할 수 있다. 국가 경쟁력은 결국 **"중소기업이 얼**

마나 강한가"에 달려 있으며, 그 해답은 지속 가능한 기술·인재·생태계 구축에 있다. 즉, 대한민국 중소기업의 지속적 성장과 글로벌 경쟁력 확보를 위해서는 자본·기술·인력·시장·협업의 5대 핵심 요소를 체계적으로 관리하고 디지털 및 ESG 기반 혁신전략을 실행해야 한다.

이러한 구조적 대전환과 인재 생태계 고도화 전략은 통합(Integration), 선택과 집중(Focus), 자율성 존중(Autonomy)의 원칙에 따라 추진되어야 하며, 중소기업을 단순한 경제의 보조적 역할이 아닌 글로벌 기술 주권을 선도하는 혁신의 산실로 변모시키는 근본적인 기반이 될 것입니다.

참고문헌(References)

1. 중소벤처기업부, (2024) 중소기업 백서
4. KOTRA, (2023) 중소기업 글로벌 진출 전략 보고서
5. 산업연구원, 중소기업 기술혁신과 정책 지원
6. 중소벤처기업부, (2025) 중소기업 혁신전략 백서
7. 산업통상자원부, (2024) 기술혁신형 기업 지원 실태보고서
8. 한국개발연구원(KDI), 중소기업 성장 사다리 정책의 효과 분석 및 개선 방향
9. 산업연구원(KIET), 제조업 중소기업의 디지털 전환(DX) 현황과 정책 과제
10. 산업연구원(KIET). (2024) 중소기업 기술혁신과 정책 지원 방안
11. 산업연구원(KIET). (2024) 제조업 중소기업의 디지털 전환(DX) 현황과 정책 과제
12. 한국개발연구원(KDI), (2023) 중소기업 성장 사다리 정책의 효과 분석
13. 대한상공회의소, (2023) 한국 중소기업 현황과 구조적 과제
14. 한국무역협회·대한상공회의소, (2024) EU CBAM 및 ESG 공급망 실사 대응 보고서
15. 자동 용접 로봇 시장 전망 2032 - WiseGuyReports
16. 용접 로봇 시장 분석 2034 - Business Research Insights
17. 용접 로봇 산업 동향 - Global Growth Insights
18. World Bank. (2024) MSME Finance Gap.
19. IMF. (2024) SME Finance Outlook.
20. European Commission. (2023) Annual Report on European SMEs.
21. World Economic Forum (WEF), The Global Competitiveness Report
22. OECD. (2023) Digital Transformation of SMEs.
23. OECD, SME and Entrepreneurship Outlook 2024
24. WEF, Future of Jobs Report 2025
25. BMWi, Mittelstand Strategy 2030
26. Simon, H. (2021) Hidden Champions of the 21st Century. Springer.
27. METI Japan. (2024) White Paper on Small and Medium Enterprises in Japan.
28. US Small Business Administration(SBA). (2024) Small Business Economic Report.

II

CHAPTER

글로벌 경쟁력 강화를 위한 중소기업 인재 확보와 육성

1 | 서론

21세기, 기술혁신은 전 세계 시장을 더욱 빠르게 통합하고 있으며, 기업들은 글로벌 기술 경쟁 우위를 확보하기 위해 치열하게 각축하고 있다. 이러한 환경에서 기업의 지속 가능한 발전은 혁신을 주도하는 전문 기술 인재의 확보와 육성에 달려 있다. 교육기관 역시 글로벌 기술 표준에 부합하는 인재 양성에 최선을 다하고 있으나, 특히 국내 중소기업의 관점에서 볼 때, 당면한 과제는 국제적 경쟁력을 갖춘 기술 인재를 찾는 것이 쉽지 않다는 것이다.

가. 저자의 경험을 통한 문제 분석

본 저자는 대한민국 컴퓨터시스템 명장(전자정보통신 분야 최초)으로서, 대기업과 중소기업의 실무 및 대학교 교육 현장에서 얻은 경험을 바탕으로 이 문제를 분석하고자 한다.

나. 첫 번째 에피소드 인재 이탈과 국가적 손실

2002년, 저는 IC 카드 기반의 고속도로 전자지불 시스템(Electronic

Payment System)을 국내 최초로 개발했다. 이후 중견기업의 스카우트 제안을 받았으나, 당시 소속 중소기업이 퇴직 후 3년간 동종 업계 취업금지 조항을 강제하여 이직이 좌절되었다. 이는 엔지니어 개인의 전문성 향상 기회를 박탈하는 동시에, 해당 기업의 취약한 인재 관리 시스템을 드러내는 사례였다. 인프라가 취약한 중소기업이 전문 인력을 놓치는 것은 단순히 회사 하나의 손실이 아닌, 국가적 기술 역량의 손실로 이어져 결국 글로벌 시장 진출의 기회비용을 지불하게 됨을 보여준다.

다. 두 번째 에피소드 전문가 정신과 기술 전수의 중요성

당시 국내 최초의 시스템 구축 프로젝트는 높은 난이도로 인해 격무가 이어졌고, 일부 팀원은 어려움을 기피하고 중도 이탈했다. 어려운 과제를 회피하는 인재는 결코 최고 수준의 글로벌 전문가로 성장할 수 없다는 것은 분명한 이치다. 프로젝트가 성공한 후, 헌신적으로 노력한 팀원들은 현재 각자의 위치에서 성공적인 기술 전문가로 자리매김했다. 이 에피소드는 기업이 인재의 성장 잠재력을 극대화하고 기술 전수 문화를 구축하는 것의 중요성을 시사한다. 인재가 어려운 일도 헤쳐나갈 자세를 갖추도록 기업은 적극적인 뒷받침과 보상을 제공해야 하며, 정부는 글로벌 경쟁력을 갖춘 인재 육성을 위한 체계적인 전략을 실행해야 한다.

라. 중소기업 인재의 전략적 가치 및 연구 목적

최고경영자의 비전이 기업 성장의 방향타라면, 핵심 인재(Human Capital)는 그 비전을 글로벌 시장에서 구현하는 엔진이자 외부 환경 변화에 대응하는 기업의 면역 체계다. 인재는 단순한 노동력이 아니라, 기업의 무형자산과 독점적 기술을 창출하고 지속적인 혁신을 주도하여 궁극적으로 기업의 생존과 성장을 결정하는 대체 불가능한 전략적 자원이다.

특히, 제한된 자원으로 글로벌 기업들과 경쟁해야 하는 중소기업에게 인재는 더욱 중요하다. 중소기업에게 인재는 자원의 희소성을 극복하고, 다재다능한 멀티플레이어 역할을 수행하여 투자 효율과 시장 민첩성을 극대화하는 핵심 동력이다.

따라서 본 원고는 저자의 현장 경험과 전문 지식을 바탕으로, 국내 중소기업이 글로벌 경쟁력 강화를 위한 핵심 기술 인재를 효과적으로 확보하고 체계적으로 육성할 수 있는 구체적인 방안을 제시하고자 한다.

“글로벌 무한경쟁 시대, 살아남는 자는 다르다. 새로운 기술과 지혜를 끊임없이 탐구하고, 통찰로 미래를 읽으며, 자신만의 특화된 전략으로 차별화하고, 역량을 결집해 실행하는 자만이 미래를 선도한다.”

혁신의 엔진

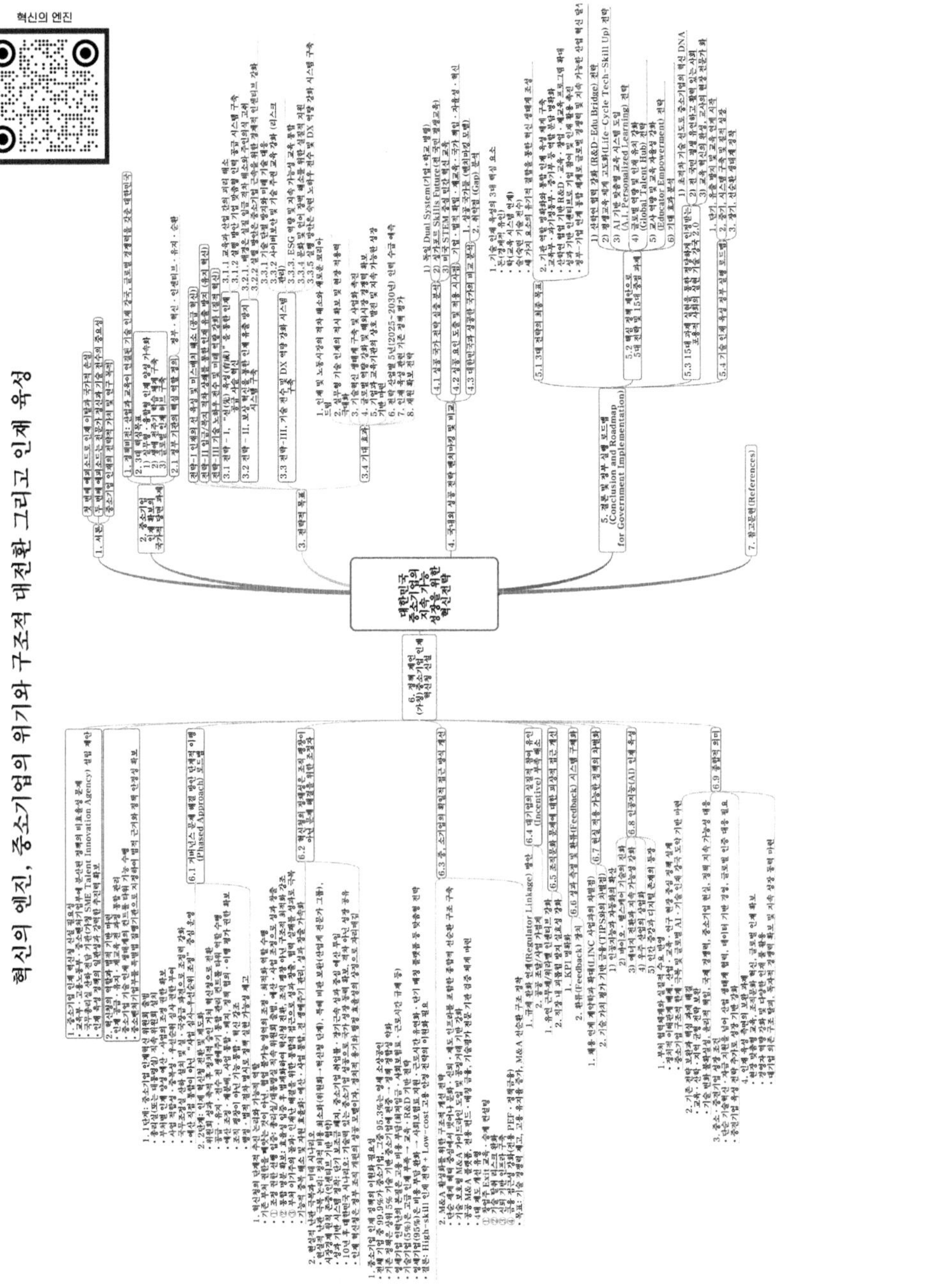

그림-2 혁신의 엔진을 위한 인재 육성

2 | 중소기업 인재 확보의 국가적 당면 과제

대한민국 경제는 대기업 중심의 소수 기술에 대한 의존도가 높다. 지속 가능한 국가 경쟁력은 중소기업이 기술혁신의 첨병 역할을 수행할 때 비로소 확보된다. 그러나 중소기업은 "기술 격차"를 해소할 핵심 기술 인재를 확보하는 데 있어 대기업과의 "보상 격차"와 "비전 격차"라는 구조적 난제에 직면해 있다. 이로 인해 우수 인재의 중소기업 기피 현상이 심화 되었고, 이는 기술력 단절 및 혁신 역량 약화로 이어져 국가 성장 동력을 위협하고 있다.

표-14 정책 비전과 3대, 5대 핵심 목표와 전략

구분	주요 내용	목표 (2030년 기준)
정책 비전	- 산업과 교육이 연결된 기술 인재 강국, 글로벌 경쟁력을 갖춘 대한민국	- 기술 인재 생태계의 지속 가능한 성장 기반을 구축하고, 중소기업이 글로벌 경쟁력을 갖출 수 있도록 교육-R&D-산업 현장의 연계 구조를 단계적으로 고도화한다.
3대 핵심 목표	1. 실무형·융합형 인재 양성 가속화 2. 생애 전주기 학습 체계 구축 3. 글로벌 인재 허브 구축	- 산업 현장 적응 기간 6개월 미만 인재 비율 70% 달성 - 4050 중장년 기술 교육 참여율 15% 증대 - STEM 분야 외국인 유치 규모 50% 증대

<table>
<tr><th>구분</th><th>주요 내용</th><th>목표 (2030년 기준)</th></tr>
<tr><td rowspan="3">5대 핵심 전략</td><td>1. 산학연 협력 강화
(R&D-Edu Bridge)</td><td>2. 평생교육 체계 고도화
(Life-Cycle Tech-Skill Up)</td></tr>
<tr><td>3. AI 기반 맞춤형 교육 시스템 도입(A.I. Personalized Learning)</td><td rowspan="2">4. 글로벌 역량 및 인재 유치 강화
(Global Talent Hub)</td></tr>
<tr><td>5. 교사 역량 및 교육 자율성 강화(Educator Empowerment)</td></tr>
</table>

핵심적인 목표에 따른 내용과 정량적 핵심 성과지표(KPI:Key Performance Indicator)를 3개의 유형으로 설명하면 다음과 같다.

첫째, 목표는 실무 융합의 목표와 내용은 전략산업 분야 인력 부족률 50% 감소이며, 정량적 지표는 산업기술 인력 수급 격차율(Shortage Rate or CLD:Career Ladder Discrepancy) 2030년까지 1.5% 미만이다.

둘째, 생애 전주기로, 내용은 40대 이상 중장년층 디지털 기술 교육 참여율 제고이며, 정량적 지표는 40대 이상 중장년층 국민 내일배움카드 활용률 30% 증가다.

셋째, 글로벌 인재의 내용은 기술 인재의 국제 협업 능력 강화 및 우수 인력 유치 기반 마련이고, 정량적 지표는 글로벌 기술 능력 부분 경쟁력 지수(IMD:International Institute for Management Development 기준) Top 10 진입이다.

2.1 정부 기관의 핵심 역할 정의

중소기업 인재 육성은 개별 기업의 노력만으로는 불가능하며, 정부 기관의 시장 실패 보완 및 구조 개혁적 역할이 필수적이다. 정부의 역할은 인재의 질적 공급을 혁신하고, 중소기업 근속을 유인하는 경제적 인센티브를 구축하여 인재의 유지 및 순환을 촉진하는 데 집중되어야 한다. 정부의 역할은 "거시적 방향 제시 및 제도적 틀 설계"로 일관되게 정의하고, 인재 순환 촉진은 정부가 제도적 기반을 마련하고 중기부를 포함한 부처와 산하기관은 실행을 위한 전략이 필요하다.

가. 정부의 핵심 역할

① 시장 실패 보완으로 개별 기업이 감당하기 어려운 교육·훈련 비용과 인재 확보 리스크를 정부가 분담.

② 구조 개혁 추진으로 인재 공급 체계(교육·훈련·산업 연계)를 혁신하여 중소기업 맞춤형 인재를 안정적으로 공급.

③ 경제적 인센티브 설계로 중소기업 근속을 유도하는 세제 혜택, 임금 보조, 복지 지원 등 제도적 장치 마련.

④ 인재 순환 촉진으로 대기업·중소기업·스타트업 간 인재 이동을 원활히 하여 산업 전체의 역동성 강화.

2.2 인재육성 필요성 객관적 정의 시장실패(Market Failure) 해소

정부 기관의 개입 논리는 명확하게 시장 실패의 원인을 해소하는 데 있다.

표-15 시장 실패 3대 요인과 정부 개입의 논리적 당위성

시장 실패 요인	객관적 현상	정부 개입의 논리적 당위성
정보 비대칭성	- 구직자는 중소기업의 잠재력과 정보를 신뢰하기 어렵고, 기업은 우수 인재 Pool에 접근하기 어려움.	- 정보의 투명화 및 신뢰 구축이며, 공공 플랫폼을 통해 기업 정보(재무, 고용 안정성)를 표준화하여 제공하고, 인재 매칭의 효율성을 높인다.
긍정적 외부 효과	- 중소기업의 교육 투자 성과가 타 기업(특히 대기업)에 의해 활용되는 외부효과 발생.(Investment Evasion 보완)	- 투자 유인 설계로 교육·훈련 비용 공공 부담 확대 및 근속 연계 경제적 인센티브 제공을 통해 기업의 인적자원 투자(HRD)를 촉진. - 외부효과를 보완하여 투자 유인을 강화한다.
구조적 임금 격차	- 대·중소기업 간 임금 및 복지 수준의 구조적 격차가 인재의 중소기업 유입을 근본적으로 저해함.	- 격차 보완을 위한 재정 지원으로 세제 감면, 사회 보험료 지원, 주거 지원 등 중소기업 근로자에 대한 공적 보상을 강화하여 실질 소득 격차를 완화한다.

2.3 핵심 역할의 논리적 분담 및 책임 정의

각 중앙 부처의 역할은 해당 부처가 가진 고유한 정책 수단(Policy Instruments)과 전문성에 기초하여 명확히 분담되어야 한다.

표-16 부처별 역할과 정책 수단 논리적 근거

부처	역할 정의 (Function)	핵심 정책 수단 (Instrument)	논리적 근거 (Rationale)
고용노동부	- 인재의 질적 공급 및 고용 안정화	- 직업능력개발 훈련 지원, 고용 장려금, 근로 조건 개선 지도	- 고용 시장의 미시적 안정성 확보 및 인적 자본 형성 (Human Capital Formation)
중소벤처기업부	- 수요 기반 혁신 일터 조성 및 인재 유인책	- 스마트 공장, 기술 혁신 R&D 인력 지원, 재직자 교육	- 기업의 혁신 성장을 통한 일자리 질 개선 및 미래 수요 발굴
기획재정부	- 거시적 인센티브 및 재정 시스템 설계	- 세제 감면 (조세특례제한법), 공적 기금 운용, 예산 편성	- 중소기업 근로에 대한 공적 보상 시스템 구축 및 재정 효율성 제고
교육부	- 미래 인재 양성 및 교육- 산업 연계	- 산학협력 체계 구축, 직업계고 및 전문대학 교육 과정 개편	- 파이프라인 단계에서의 산업 맞춤형 인재의 안정적 공급
산업통상자원부	- 산업 수요 기반 인재 정책, R&D 인력 연계	- 산업 수요 기반 예측 분석	- 산업 수요 기반 맞춤형 인재 육성과 안정적 공급

- 협력의 객관성, 위 도표에서 제시한 역할 분담은 어느 한 부처의 단독 성공이 불가능하며, 재정(기재부), 교육(교육부), 고용(고용부), 산업(중기부) 정책의 유기적인 연동을 전제로 한다.

2.4 정부 산하기관 및 진흥원의 역할 심화

산하기관은 정책의 "현장 구현자(Implementer)"이자 "전문 데이터 허브(Data Hub)"로서 기능을 수행해야 한다.

첫째, 전문적 집행(Efficiency)으로 중앙 부처의 일반적인 정책 지침을 받아, 지역별, 산업별 중소기업의 규모와 특성에 최적화된 맞춤형 인재 육성 프로그램(컨설팅, 교육)을 제공한다. 이는 정책 집행의 낭비를 최소화하고 효과성을 극대화한다.

둘째, 데이터 기반 피드백(Adaptability)으로 현장에서 발생하는 인재 이탈 사유, 직무 역량 격차, 기업의 실제 요구사항 등 정성적/정량적 데이터를 수집하여 중앙 부처에 신속하게 전달하여 정책이 시장 변화에 즉각적으로 반응하고 재설계될 수 있는 환류 시스템(Feedback Loop)의 핵심이 되도록 해야한다.

셋째, 정책 전달의 신속성/정책 접근성 제고로 중소기업이 정부 정책을 쉽게 활용할 수 있도록 지원하고, 진흥원은 정부 정책 정보를 밀착 지원 형태로 전달하여 정책 수혜율을 높이는 역할을 수행한다.

표-17 정부 산하기관의 핵심 기능

정부 산하기관의 핵심 기능	수행 목적
수요 기반 훈련 운영	기업 특화 교육으로 훈련과 현장 간의 미스매치 해소
기업 진단 및 컨설팅	중소기업의 인재 관리시스템(HRM) 개선 지원
현장 데이터 축적 및 분석	정책 실패 요인 객관화 및 차기 정책 설계의 근거 마련

2.5 구조적 대전환의 최종 목표

정부 기관의 역할 정의는 단순히 지원금을 주는 것을 넘어, 중소기업 근로에 대한 사회적/경제적 가치를 높여 인재가 중소기업을 "선택하도록 유도"하는 구조적 대전환에 집중되어야 하며, 이를 통하여 인재의 질적 공급 혁신은 교육부/고용부의 역할(훈련-현장 간 격차 해소), 중소기업 근속 유인은 기재부/고용부의 역할(경제적 격차 해소), 인재 유지 및 순환 촉진은 중기부/산하기관의 역할(일터 매력도 및 시스템 개선)이 필요하다.

즉, 정부는 정책 설계자이며, 각 부처는 분야별 실행 책임자이고, 산하기관은 현장 집행자로 역할을 분담해야 한다. 정부는 큰 틀의 구조 개혁과 인센티브 설계를 하고, 고용노동부는 노동시장 제도와 훈련 체계 총괄이며, 산업통상자원부·교육부 등은 산업·교육 연계 강화이고, 진흥원·공단 등은 현장 실행 및 성과 관리이다. 정부는 방향을 제시하고, 부처는 제도를 설계하며, 산하기관은 현장에서 실행하는 삼각 구조가 중소기업 인재 육성의 핵심이다.

3 | 전략적 목표

본 단원에서는 중소기업의 글로벌 경쟁력 확보를 목표로, 정부 기관이 단기적 지원이 아닌 장기적 관점에서 인재 생태계를 근본적으로 혁신하기 위한 "3대 핵심 전략"과 구체적인 실행 방안을 제시한다.

표-18 3대 핵심 전략

핵심전략	목표 역할	주요 실행 방안
전략-I	인재의 선 육성 및 미스매치 해소 (공급 혁신)	채용 연계형 계약학과 확대, 산업별 공동 훈련 센터
전략-II	임금/복지 격차 상쇄를 통한 인재 유출 방지 (유지 혁신)	장기근속 세제 혜택 강화, 성과 공유형 보상 시스템 지원
전략-III	기술 노하우 전수 및 미래 역량 강화 (질적 혁신)	대한민국 정부가 인정하는 숙련 기술 명장 멘토링 제도를 통한 공동 책임형 인재 육성, DX 교육 바우처 지급

3.1 전략 - I, "선(先) 육성(育成)"을 통한 인재 공급 사슬 혁신

3.1.1 교육과 산업 간의 괴리 해소

현재의 인력 공급 시스템은 중소기업의 특화된 기술 수요를 반영하지 못하여, 기업은 채용한 인력을 재교육해야 하는 비효율성을 겪는다.

정부는 교육기관과 기업 간의 수요자 중심 연계 시스템을 구축하여 인재 미스매치를 최소화해야 한다.

핵심적인 요점은 산업 요구에 맞춘 기술·디지털 전문인력 양성이며, 세부 실행 방안을 정리하면 다음과 같이 요약될 수 있다. 대학 - 산업 연계 교육 프로그램으로 산업 수요 기반 학과·커리큘럼을 개편하며, 인턴십, 현장실습, 프로젝트형 학습 강화로 전문 직무 교육 및 자격 인증 제도 강화와 함께 AI, IoT, 로봇, 빅데이터, 사이버보안 등 정부 인증 전문 교육 프로그램 운영이 필요하다.

또한 산업 맞춤형 장학 및 재정 지원과 유망 기술 분야 학부·대학원 장학금 지원, 연구·실습용 장비 및 소프트웨어 지원으로 대한민국 기술 인재 육성을 위한 기관별 전략 및 기업 연계 방안이 매우 필요하다. 핵심 목표는 명확하다. 글로벌 경쟁력 있는 기술 인재 확보 및 산업 혁신 촉진이며, 핵심 방향은 정부·공공기관·기업 간 연계한 → 교육·R&D·창업·실무 역량 통합 인재 육성이다. 이러한 목표를 실행하기 위한 기관별 추진 역할의 핵심 요소를 간략히 요약하면 다음과 같다.

표-19 기관별 역할에 따른 추진 내용

기관	역할	세부 추진 내용
교육부	기초·대학 교육 기반 구축	- STEM·AI·디지털 전공 강화 - 대학 커리큘럼 개편, 산학 연계 프로그램 운영 - 장학금 및 인턴십 지원

기관	역할	세부 추진 내용
과학기술 정보통신부	기술 R&D 및 혁신 인재 육성	- ICT, AI, 로봇, 바이오 등 첨단 기술 인력 양성 - 연구소·대학·기업 공동 R&D 지원 - 글로벌 공동 연구 프로젝트 추진
중소벤처기업부	창업·스타트업 인재 육성	- 창업 교육, 창업 보육 공간 제공 - 기술 창업 지원금, 멘토링 프로그램 운영 - 기업·연구소 기술 이전 촉진
고용노동부	재교육·평생교육 지원	- 재직자 업스킬링, 직무 전환 프로그램 - 온라인·오프라인 평생교육 플랫폼 구축 - 직무 역량 인증 및 자격 지원
KOTRA/ 한국산업 인력공단	글로벌 역량 강화	- 해외 연수, 인턴십 프로그램 운영 - 해외 취업·연구 협력 지원 - 글로벌 산업 인증·자격 프로그램 운영
산업통상자원부	산업 맞춤형 정책 지원	- 산업별 기술 수요 조사, 인재 정책 설계 - 기업 R&D 지원, 기술 이전 정책 운영

이러한 전략이 수립되고 실행될 경우, 기업과 연계를 통한 시너지 창출은 다양하게 나타날 수 있는 요소에 대하여 5개의 항목으로 설명한다.

① 산학연 연계 프로그램의 목적은 대학·연구 기관에서 개발된 기술을 기업 실무와 연결하며, 실행 방안은 공동 프로젝트 운영으로 기업 과제 기반 R&D, 인턴십 참여를 통하여 기술 멘토링으로 기업 전문가가 학생·연구원 대상으로 집중적인 멘토링을 한다. 또한, 결과물 실용화로 특허·프로토타입·성공적인 사업화 지원이 되도록 체계적

인 관리와 지원이 필요하다. 예를 들어 설명하면, AI 스타트업 + 대학 AI 연구실 → AI 서비스 개발 및 상용화, 그리고 제조 기업 + 공과대학 → 스마트팩토리 솔루션 공동개발 등이다.

② 기업 참여 교육 및 재교육으로 목적은 현장 맞춤형 기술 인재 양성이며, 실행 방안은 기업 수요 기반 커리큘럼 개발로 재직자 현장실습 및 업스킬링 과정 운영을 통해 기업 장비·플랫폼 활용 교육을 실시한다. 예를 들어 설명하면, ICT 기업에서 제공하는 클라우드 환경 실습 제공하고, 반도체 기업에서 재직자용 제조 AI 트레이닝 프로그램 등이다.

③ 공동 창업 및 기술사업화로 목적은 인재가 창의적 아이디어를 산업으로 연결하는 유형이며, 실행 방안은 기술 기반 창업 멘토링 및 초기 투자 지원이고, 대학·연구기관 R&D 결과물 사업화 지원하며, 기업이 후원하는 스타트업 보육 프로그램 운영한다. 예를 들어 설명하면, 대학 연구소 개발 AI 알고리즘 개발 → 기업 투자 → 상용화 서비스 제공하는 형태로 스타트업 창업 공간 + 멘토링 + 시제품 제작 지원을 하는 유형이다.

④ 인센티브 기반 연계로 목적은 기업 참여를 촉진하고 지속적 협력 구조 형성이며, 실행 방안은 세제 혜택으로 기업이 인재 양성·교육 프로그램 참여 시 R&D 세액공제이며, 성과 기반 보상은 공동 프로젝트 결과에 따른 인센티브 지급하는 형태로 공공-민간 협력 펀드

운영은 기술 상용화 지원금, 장비 공유 지원 등이다.

⑤ 글로벌 경험·역량 강화가 필요하며, 핵심 요점은 글로벌 기술 경쟁력 확보를 위해 해외 경험·교류 활성화가 필요하다. 이를 위한 세부 실행 방안은 해외 연수 및 산업 인턴십 확대, 선진국 기업, 연구소와 협력하여 단기·장기 연수 프로그램 운영, 글로벌 공동 연구 프로젝트 지원과 국내 연구소·기업과 해외 기관 공동 R&D 추진이 필요하다. 또한, 연구 성과 및 특허 공동 출원 장려가 매우 필요하며, 영어·외국어·문화 교육 지원을 위한 체계적인 전략과 세부적인 실행 방안이 필요하고, 이를 통한 글로벌 협업 역량 강화, 해외 네트워크 구축이 가능하도록 체계적인 정부산하 전문 기관의 지원이 필요하다.

표-20 실행 로드맵(기관-기업 협업 기준)

단계	기간	기관 역할	기업 연계 활동
1단계	2025~2026	- 교육부·과기정통부: 커리큘럼 개편, R&D 프로그램 설계	- 기업과 공동 과제 설계, 인턴십 기획
2단계	2026~2027	- 중기부: 창업·스타트업 지원, 멘토링 프로그램	- 기업 후원 창업 보육, R&D 기술 실용화
3단계	2027~2028	- 고용부: 재교육 플랫폼 운영	- 기업 맞춤형 재직자 교육, 업스킬링 진행
4단계	2028~2030	- KOTRA: 글로벌 연수 및 해외 파트너십	- 기업 해외 R&D 프로젝트 참여, 글로벌 인증 취득

3.1.2 실행 방안 기업 맞춤형 인력 공급 시스템 구축

1) 중소기업형 채용 연계 계약학과 대폭 확대

특성화고, 전문대학, 4년제 대학의 이공계열에 중소기업이 요구하는 교과 과정을 개설하고, 졸업 후 5년 이상 해당 중소기업 의무 채용을 전제로 하는 계약학과를 확대, 지원하는 방안이 심도 있게 검토하여 실행할 전략 수립이 필요하고, 정부의 역할은 계약학과 운영 비용 및 참여 학생 등록금을 지원하고, 중소기업의 교육 참여 부담을 경감하기 위해 교육 멘토링 활동비를 지급한다.

정책적 역할을 정리하면 중소기업 입장은 교과 과정에 투자하고 인력을 양성한 대가로 5년간 안정적인 전문 인력을 확보할 수 있는 법적 안전장치이고, 학생 입장은 학업을 마치는 동시에 장기적인 취업(최소 5년)을 보장받아 진로 불확실성을 해소할 수 있다. 따라서 이 정책은 "중소기업 맞춤 교육 이수"와 졸업 후 5년 의무 근무를 교환하는 조건으로 지원이 확대되는 구조다.

2) 산업별 공동 훈련 혁신센터 구축

개별 중소기업이 자체적으로 운영하기 어려운 고가의 장비 훈련, 최신 공정 기술 교육, ISO/품질 관리 시스템 교육 등을 제공하는 산업별 공동 훈련 혁신센터를 지역별로 설립하고 운영비를 90% 이상 지원한다. 목표는 명확하다. 이 센터가 중소기업의 미니 연수원 역할을 수행하도록 하며, 특히 인력 수요가 높은 뿌리 산업 및 첨단 소재 산업에 집중적으로 투자한다.

3) 장기 유급 인턴십 제도 공동 책임형 인재 육성 및 표준화

대학생 및 졸업 예정자를 대상으로 하는 단순 보조 업무가 아닌, 핵심 프로젝트 참여를 통한 공동 책임형 인재 육성 협약으로 6개월 이상의 장기 유급 인턴십 운영을 표준화하고, 참여 기업에 대해서는 세제 혜택 및 정책자금 우대(가산점)를 부여한다. 기대 효과를 분석하면, 청년 인재가 중소기업의 실질적인 기술력과 성장 가능성을 미리 체험하여 긍정적인 인식 변화를 유도한다.

3.2 전략 - II, 보상 혁신을 통한 인재 유출 방지 시스템 구축

3.2.1 배경은 실질 임금 격차 해소와 주인의식 고취

인재 유출의 가장 큰 원인은 대기업과의 경제적 격차다. 정부 기관은 기업이 직접 해결하기 어려운 소득/세금 구조를 활용하여 이 격차를 상쇄하고, 인재가 기업의 성과를 공유하도록 유도해야 한다. 그리고 이러한 전략 수행에 필요한 재원 마련 및 관리 투명성으로 미래 성장 매칭 적금의 정부-기업 매칭비율 및 중소기업의 재정 부담 경감을 위한 메커니즘 명시가 필요하다.

그렇다면 가장 합리적인 해외 인재 유출 방지를 위한 가장 적절한

경제적 대책을 제시하면, 인재 유출의 핵심 원인은 경제적 격차다. (특히 보수 및 복지 수준)에 있으므로, 이 격차를 해소하기 위한 직접적이고 구조적인 재정 지원 및 제도가 가장 적절한 대책이 된다.

미국의 경우, 전 세계에서 가장 좋은 인재는 미국으로 몰려든다. 이 이유는 명확하다. 미국에서는 마음 놓고 일할 수 있는 인프라와 자신의 능력에 맞은 적합하고 적절한 대우를 해주기 때문이다. 우리나라 대기업, 중소, 중견기업도 미국과 같은 대우를 해준다면 고급인재의 해외 유출은 현격히 줄어들 것은 자명한 사실이다.

1) 격차 상쇄를 위한 소득/세금 구조 활용 즉 직접적 보상 강화

정부 기관이 합리적인 방안을 모색하여 중개자 역할을 통하여 중소·중견기업의 핵심 인재에게 대기업 수준에 준하는 실질적인 소득을 보장하는 것이 중요하다. 그리고 기관의 주도하에 미래 성장 매칭 적금/공제 제도 강화를 통하여 기업과 정부가 매칭하여 핵심 인재의 장기근속 및 성과 공유를 위한 자산 형성 지원하는 방안이며, 정부-기업의 매칭비율을 명시하여 인재에게 돌아갈 실질적인 혜택의 규모를 예측 가능하게 하고, 제도의 재원 마련 및 관리의 투명성을 확보해야 한다. 보다 구체적인 예로 설명한다면, 핵심 인재에게 지급되는 급여 외 성과급/장기근속 기여분에 대해 정부가 소득세 감면 또는 비과세 혜택을 부여하는 동시에, 기업 납입금에 상응하는 금액을 정부가 추가로 적립해 주는 방식을 고려할 수 있다.

2) 세제 혜택을 통한 실질 소득 증대

중소기업의 핵심 연구·기술 인력에게 지급하는 급여나 성과 보상에 대한 소득세 감면율을 대폭 상향하거나, 과세표준 구간을 분리하여 운영함으로써 실질적인 가처분 소득을 늘려주는 방안이다.

3) 중소기업의 재정 부담 경감 메커니즘

인재에게 더 많은 보상을 제공하고 싶어도 재정 여력이 부족한 중소기업의 부담을 덜어주어 보상 시스템이 안정적으로 작동하도록 지원해야 한다. 이것은 인재 보상 비용에 대한 기업 세액공제 확대 방안으로 핵심 인력에게 지급하는 급여 인상분, 성과 보상금, 장기근속 인센티브 등에 대해 파격적인 법인세/소득세 감면 또는 세액공제를 적용하여 기업의 인건비 부담을 실질적으로 줄여주어야 한다. 이러한 제도를 통해 중소기업의 재정 부담 경감 메커니즘을 명시하여 기업이 재정적 위험 없이 인재에 대한 투자를 늘릴 수 있는 환경을 조성해야 한다.

4) 정부 지원 R&D 바우처 등 활용

핵심 인재의 교육, 경력 개발(자기 계발 기회) 및 연구 활동비 지원을 정부 바우처 형태로 제공하여, 인재 유출의 또 다른 원인인 경력 및 연구 환경 불만족을 해소하는 동시에 기업의 직접적인 현금 지출 부담을 경감한다.

5) 기타 객관적 보완 대책

경제적 대책 외에 인재가 해외로 나가는 근본적인 원인을 다루는 제도적 보완도 중요하다.

첫째, 연구 환경 및 사회적 예우 강화로 세계적인 수준의 연구 환경 조성 및 장기적 연구 지원 프로그램 도입으로(ex: 정부가 국가 과학자 제도를 신설하여 장기적인 연구 활동비와 사회적 예우를 제공하는 방안) 인재가 자신의 역량을 최대한 발휘할 수 있는 자율적인 연구 문화 및 승진/평가 시스템 구축 지원이다.

둘째, 해외 유치 및 국내 복귀 지원으로 해외 고급 인재의 국내 유입 및 국내 고급 인재의 국내 복귀를 유도하기 위한 비자, 주거, 정착 지원 패키지 및 파격적인 연구 환경을 제공한다. 가장 객관적이고 적절한 대책은 인재 유출의 핵심 원인인 경제적 격차를 해소하기 위해 정부가 소득 구조 및 세제를 활용하여 직접적인 재정 지원을 하는 동시에, 기업의 보상 여력을 확보해 주는 것이라 할 수 있다.

3.2.2 실행 방안은 중소기업 근속을 위한 경제적 인센티브 강화

1) 중소기업 장기 근속자 대상 실질 소득 증대 세제 지원

5년 이상 장기 근속하는 기술 인재에 대해 소득세 감면율을 대폭 상향하고, 근로자가 납입한 금액에 비례하여 정부와 기업이 추가 지원금을 매칭하는 미래 성장 매칭 적금 제도를 도입한다. 목표는 명확하다. 장기근속 시 대기업 근로자 대비 총소득 및 자산 형성액의 격차를 실질적으로 축소하여 이직을 강력하게 억제한다.

2) 핵심 인재 대상 성과 공유형 스톡옵션 지원 확대

핵심 기술개발 및 사업화에 기여한 중소기업 인재에게 부여하는 주식 매수 선택권(스톡옵션)의 비과세 혜택 한도를 상향하고, 특히 비상장 중소기업이 인재에게 스톡옵션을 부여하기 용이하도록 관련 법규 및 행정 절차를 간소화한다. 정부 역할은 기술개발 성과가 우수한 중소기업이 스톡옵션을 발행할 경우, 이에 대한 평가 비용 및 법률 자문 비용을 공공기관이 전액 지원한다. 성과 공유형 보상(스톡옵션)의 실효성을 준수하기 위해 비상장 중소기업의 M&A, IPO 등 회수(Exit) 시장 활성화를 위한 정부 역할을 추가하여 스톡옵션의 가치 실현 가능성을 높이는 방안으로 접근이 필요하다.

3) 중소기업 근로자 선택적 복지 및 주거 안정 지원

대기업과 복지 격차를 줄이기 위해 중소기업 공동으로 활용할 수 있는 복지 플랫폼 구축 및 운영 비용을 지원하고, 수도권 및 광역시에 중소기업 근로자를 위한 기술 인재 전용 주거 단지(행복 주택)를 건설하여 주거 안정 문제를 해결한다. 목표는 명확하다. 저렴한 주거 비용을 통해 가처분 소득(Disposable Income)을 높여 경제적 만족도를 증진시킨다.

3.3 전략-III, 기술 전수 및 DX 역량 강화 시스템 구축

3.3.1 기술 단절 방지와 미래 기술 대응

기술 인재의 양적 확보를 넘어, 확보된 인재의 질적 역량을 지속적으로 발전시키고 숙련 기술의 단절을 막는 것이 글로벌 경쟁력 유지에 필수적이다. 정부 기관은 기술 전수를 제도화하고 신기술 재교육을 주도해야 한다.

디지털 전환(DX:Digital Transformation)은 인공지능(AI), 클라우드, 빅데이터, IoT 등 첨단 디지털 기술을 활용하여 기업의 비즈니스 모델, 고객 경험, 운영 프로세스, 그리고 조직문화 전반을 근본적으로 혁신하는 전략적 변화를 의미한다. 단순히 IT 시스템을 도입하거나 아날로그 업무를 전산화하는 것을 넘어, 데이터와 디지털 기술을 새로운 가치 창출의 핵심 동력으로 삼아 기업의 경쟁 우위를 확보하는 것을 최종 목표로 한다.

3.3.2 사이버보안 및 기술 주권 교육 강화 (리스크 관리)

디지털 전환(DX) 시대에 중소기업의 기술 보호 및 기술 주권은 글로벌 진출의 필수 조건이다. 중소기업은 해킹 및 기술 유출에 취약하여 글로벌 공급망 편입에 제약이 된다. 기술 경쟁력은 개발뿐 아니라 보호 역량에서도 나온다. 이를 충실하고 견고하게 보완 방안은 중소기업 맞춤형 사이버 보안 준법 교육 의무화이며, DX 교육 바우처 사용 항목에 ISO 27001(정보보호 경영시스템) 등 국제 표준 인증 획득 관련 교육 및 컨설팅을 필수로 포함되도록 해야 한다. 그리고 기술 보안 인력 양성 특화 지원으로 중소기업 전용 OT/ICS 보안 인력(운영 기술/산업 제어 시스템) 양성 프로그램에 파격적인 재정 지원을 집중적인 투자와 관리가 필요하다.

3.3.3 ESG 역량 및 지속 가능성 교육 통합

글로벌 시장의 공급망은 ESG(환경·사회·지배구조) 규범 준수를 중소기업에게도 요구하고 있고, 인재 교육에 지속 가능성 요소를 통합해야 해외 진출 문턱을 낮출 수 있다. 글로벌 기업들은 협력 중소기업에 대한 ESG 실사를 의무화하고 있으며, 이는 곧 인재의 새로운 핵심 역량으로 자리 잡고 있다.

이를 보완하여 실행하기 위해서는 글로벌 ESG 공급망 전문가 과정 신설이 필요하며, 해외 연수 프로그램(Global 300)에 공급망 ESG 관리 및 인권 경영 관련 모듈을 필수적으로 포함 시켜야 한다.

기술-지속가능성 융합 교육으로 R&D 인재 교육 시 친환경 기술(Green Tech)개발 및 순환 경제(Circular Economy) 관점의 기술 설계를 인센티브 기반 모델화하여 인재가 곧 기업의 ESG 경쟁력이 되도록 유도한다.

3.3.4 문화 및 언어 장벽 해소를 위한 실질적 지원

글로벌 인재 유치 및 해외 공동 연구의 성공은 단순히 영어 교육을 넘어 다문화적 소통 능력에 달려 있다. 중소기업이 글로벌 기술 생태계의 핵심 축이 되기 위해서는 다국적 인재를 포용할 수 있는 다문화 및 다양성(Diversity) 기반의 유연한 조직문화 구축이 필수적인 요소가 반드시 고려되어야 한다.

우수 외국인 인재 유치 후에도 한국 사회와 중소기업 문화에 적응하지 못하고 이탈하는 경우가 발생한다. 이를 구체적으로 실행하기 위한 방안은 외국인 인재 K-Culture & Business Soft-Landing 프로그램 운영이며, 유치된 외국인 인재를 대상으로 한국의 기업문화, 노동법, 생활 환경 등을 멘토링하는 체계적인 초기 적응 프로그램을 정부가 제공하여 장기근속을 지원해야 한다.

중소기업의 지속적인 발전에 필요한 인재 영입에 있어 중요한 요소로 작용하는 글로벌 인재 유치 전략을 제시하면, 해외 유학생, 외국인 전문가, 글로벌 스타트업 경험자를 적극적으로 영입하여 기술·문화적 다양성을 확보해야 한다. 이를 위해 비자 제도 개선, 외국인 인재 정착 지원 프로그램, 다국적 팀 운영 역량 강화가 필요하다.

1) DX와 디지털화의 차이점

디지털 전환(DX)은 종종 디지털화와 혼동되지만, 그 범위와 목표에 있어 명확한 차이가 있다.

표-21 DX와 디지털화의 차이점 분석

구분	디지털화 (Digitization)	디지털라이제이션 (Digitalization)	디지털 전환 (DX, Transformation)
목표	정보의 형식 변환	업무의 효율화	비즈니스 모델 및 가치 사슬 혁신
대상	정보(데이터)	기존 프로세스	기업 전체 (조직, 문화, 전략)
예시	종이 문서를 PDF 파일로 스캔	전자 결제 시스템 도입, 클라우드 서버로 이전	구독 서비스 모델로 전환, AI 기반 맞춤형 추천 서비스 도입
결과	데이터 접근성 향상	비용 절감 및 속도 개선	새로운 수익 창출 및 시장 선도

DX는 "어떻게 일할 것인지"가 아니라, "무엇을 제공하고 어떤 가치를 창출할 것인가"를 디지털 기술 기반으로 재정의하는 것이다.

2) 성공적인 DX를 위한 3대 핵심 요소

성공적인 DX는 기술 도입만으로는 불가능하며, 다음 세 가지 요소의 조화가 필수적이다.

① 기술(Technology)로 클라우드 인프라 구축, 빅데이터 분석 플랫폼 도입, AI/머신러닝 적용 등 새로운 기술을 기반으로 혁신적인 솔루션을 구축한다. 특히, 클라우드 컴퓨팅은 민첩성과 확장성을 제공하는 DX의 핵심 기반이다.

② 프로세스(Process)로 기존의 비효율적인 업무 절차를 데이터 중심, 자동화 중심으로 재설계한다. 애자일(Agile) 방법론을 도입하여 시장 변화에 빠르게 대응할 수 있도록 일하는 방식을 유연하게 바꾼다.

③ 조직 및 문화(Culture & Organization)로 가장 어려운 요소다. 실패를 용인하고 학습하는 문화, 수평적인 소통 구조, 모든 의사결정을 데이터에 기반하여 내리는 문화로의 변화가 수반되어야 한다. 기술을 활용할 수 있는 인재를 양성하고, 변화에 대한 조직원들의 저항을 최소화하는 것이 중요하다.

④ 스마트공장 도입, AI 시스템 적용 등 디지털 전환 단계에 있는 중소기업 근로자들을 대상으로, 정부/기업, 기업 소재 지자체가 비용을 정하여(ex: 5 : 3.5 : 1.5 비율) 비용의 상당 부분을 보조하는 전문 심리 상담 및 멘탈 코칭 프로그램 도입도 필요하다. 이는 인재의 이탈 방지 및 생산성(창의성) 유지에 기여하는 지속 가능한 조직문화의 핵심 축이 될 것입니다.

표-22 목표 전략에 따른 추진 내용 분석

전략 번호	전략 명칭	핵심 추진 내용	기대 효과 (하이라이트)
1	산학연 협력 강화 (R&D-Edu Bridge)	- 기업 참여형 한국형 마이스터 대학 모델 설립 및 대기업 대상 인턴십	- 현장 중심 교육 획기적 개선 및 인재의 즉시 전력화

전략 번호	전략 명칭	핵심 추진 내용	기대 효과 (하이라이트)
		모델 적용	- 시장경제 원칙 및 기업 자율성과 상충되지 않도록 하며, 인센티브 기반의 협약형 참여 모델로 설계하여, 기업은 정부 R&D 매칭 우대, 우수기업 인증, 인재 매칭 지원 등 실질적 이익을 제공받고, 참여 수준은 기업 규모와 직무 특성에 따라 차등화한다.
2	평생교육 체계 고도화 (Life-Cycle Tech-Skill Up)	- 첨단 분야 교육 단가 현실화 및 4050 골드 에이지 DX 센터 설립(5년간 15개소)	- 산업 변화에 취약한 중장년층의 재취업/직무 전환 활성화
3	AI 기반 맞춤형 교육 (A.I. Personalized Learning)	- 국가 기술 역량 빅데이터 플랫폼 구축 및 AI 기반 개인 맞춤형 교육 추천/매칭 시스템 도입	- 개인별 역량 격차 해소 및 교육의 효율성 극대화
4	글로벌 역량 강화 및 인재 유치 (Global Talent Hub)	- 기술 인재 'Global 300' 연수 프로그램 확대 및 STEM 인재 패스트 트랙 비자 도입	- 국내 인재의 국제 감각 함양 및 우수 외국인 인재 확보
5	교사 역량 및 교육 자율성 강화 (Educator Empowerment)	- 직업고 교사 산업체 펠로우십 공동 책임형 인재 육성 협약 교육과정 설계 자율성 보장	- 교육 제공자의 전문성 제고 및 교육 현장의 혁신 촉진

3) 주요국 인재 유치, 확보 동향

① 미국은 CHIPS and Science Act를 통해 반도체 인력 양성 대학에 대규모 투자를 하고 있고 또한, 이민 정책을 STEM 분야 박사급 인재 유치에 유리하게 개편하여 시행하고 있다(ex: H-1B 비자 쿼터 확대 및 영주권 패스트 트랙).

② 중국은 인재 강국 전략 및 중국 제조 2025를 통해 해외 우수 인재 유치를 위한 파격적인 대우와 연구 환경 제공한다. 특히 AI 및 양자 컴퓨팅 분야에서 젊은 인재 육성에 집중 투자하고 있다.

③ 유럽(EU)은 Horizon Europe 프로그램과 연계하여 연구 및 기술직 인재 이동을 장려하고, 듀얼 시스템을 활용하여 실무형 인재를 꾸준히 공급하고 있다.

4) DX 전환의 주요 기대 효과

① 고객 경험(CX) 혁신이며, 개인화된 서비스와 초개인화된 맞춤형 제품 제공을 통해 고객 만족도와 충성도 증대한다.

② 운영 효율성 극대화로 로봇 프로세스 자동화(RPA) 및 AI 기반 예측 분석을 통해 비용 절감 및 생산성을 향상시킨다.

③ 신규 비즈니스 모델 창출로 제품 판매에서 서비스 구독(XaaS)으로의 전환 등 혁신적인 수익 모델 발굴이다.

④ 데이터 기반 의사결정으로 실시간 데이터를 활용하여 시장 변화에 대한 예측력 및 대응 속도 최적의 향상을 이룬다.

3.3.5 실행 방안은 숙련 노하우 전수 및 DX 역량 강화 시스템 구축

1) 숙련 기술 명장 멘토링 인센티브+협약형 참여 모델 및 디지털화

대한민국 정부가 산업 분야별로 인정한 숙련된 기술을 가진 대한민국 명장 중 충분한 이론적 지식과 실무적 기술을 갖춘 명장을 중소기업에 파견하여 젊은 기술 인력 에게 현장 노하우를 체계적으로 전수하는 멘토링 인센티브+협약형 참여 모델을 확대하고, 정책 참여 유도 인센티브 패키지 설계는 단계적 참여 확대(자율 → 조건부 → 성과 기반)로 추진한다.

또한, 정부 R&D 과제 지원 시, 이 멘토링 프로그램 참여를 통하여 핵심 기술의 지식재산권 확보와 글로벌 산업화에 기여하도록하며, 디지털 기록화로, 대한민국 정부에서 인정한 최고의 숙련 기술 (2025년 고용노동부 고시 제2022-15호 기준) 대한민국 명장은 총 38개 분야, 92개 직종의 핵심 노하우 중, 우리 대한민국만이 간직하고 계승 발전되는 전통 기술을 현재의 세대에서 다음 미래세대로 이어질 수 있도록 필요하다.

그리고 미래산업에서 핵심적 기술이 될 인공지능(Artificial Intelligence), 양자 컴퓨팅, 보안, Robot, 우주항공, 바이오, 초전도 기술, 미래 전기에너지인(페로브스카이트 태양전지(Perovskite Solar Cell), AI + 첨단 바이오를 통한 AI 기반 신약 개발, 개인 맞춤형 유전체 분석

(정밀 의료 시스템), AI + 에너지로 스마트 그리드(Smart Grid) 최적화, 자율 로봇을 활용한 극한 환경 시설 관리, 바이오 + 에너지로 합성 생물학을 통한 바이오 연료 및 효율적인 생체 에너지 시스템 개발 등의 기술과 융합되어 산업 간 경계를 허물고 새로운 시장과 가치를 창출할 것은 명약관화(It's obvious beyond doubt. , 明若觀火)한 일이다.

그러므로 중소기업의 지속가능한 발전은 물론 인재 육성에 필요한 자원이기 때문에 VR/AR Contents 또는 Digital Manual로 제작하여 영구적으로 보존하고, 기술을 배우려는 학생과 중소기업이 공동으로 활용할 수 있는 기술 아카이브(Technical Archive)를 구축한다.

그리고 미래에서 기술 융합과 한국 문화 계승 발전 등에 폭넓고 다양하게 활용될 수 있는 기술 데이터를 안전하게 저장하기 위해서는 데이터 무결성 보장을 통해 변경이나 손실 없이 원본 상태로 보존이 필요하고, 검색 및 복구 용이성을 갖춰 필요한 시점에 쉽게 검색하고 복원 가능과 함께 법적·규제 준수하여 기술 관련 기록을 보존해 법적 증빙이나 감사 대응 가능하도록 구축한다.

2) 중소기업 인력 대상 DX 전환 교육 바우처 지급

AI, Big-Data, Cloud & Cloud Computing 등 4차 산업혁명 기술에 대한 중소기업 직원의 직무 전환(Reskilling) 및 역량 강화(Upskilling) 교육 수요를 충족시키기 위해 DX 전환 교육 바우처를 직원 1인당 일정 금액 한도 내에서 지급한다.

집중 분야: 특히 생산 및 제조 분야의 기존 인력이 스마트 팩토리

운영 인력으로 전환될 수 있도록 모듈형 온라인 교육 프로그램을 집중적으로 개발하고 보급한다.

3) 글로벌 표준 및 규격 교육 지원 강화

기술개발 단계부터 해외시장 진출을 염두에 두도록 ISO, CE, UL 등 글로벌 표준 및 현지 규격에 대한 교육 및 컨설팅을 중소기업 R&D 인력에게 의무적으로 제공한다.

목표는 명확하다. 기술개발 초기부터 수출 및 현지화에 적합한 기술 설계가 이루어지도록 유도하여 해외 사업화 성공률을 높인다.

3.4 기대 효과

정책 기대 효과(Impact Analysis)는 실무형 인재 양성을 통해 참여 기업과 교육기관의 동반 성장을 이끌고, 국가 산업의 혁신 역량을 강화하는 데 기여할 것이다.

1) 인재 및 노동시장의 격차 해소와 새로운 코리아 드림

기술 단절을 끊고 전문성을 산업의 새로운 자산으로 활용해야 한다. 국가 산하 연구 기관에서 퇴직한 전문연구원과 숙련 기술 명장은 산업 전문 교수라는 당당한 이름으로 전국 특성화고와 계약학과 교단에 서서 핵심 기술을 전수해야 한다. 특히 정부 기관 연구원은 기초부터 사업화까지 폭넓은 기술 경험을, 대한민국 명장은 현장 노하우와 개인

창업을 통해 쌓은 최고 수준의 기술력을 보유하고 있어, 이들의 경험은 귀중한 교육 자산이 되기 때문이다.

이러한 인재 순환 시스템을 통해 청년들은 단순한 대기업 입사가 아닌, 글로벌 강소기업의 창업팀 합류를 새로운 목표로 꿈꾸게 된다. 인재 순환 구조 제도화를 통한 교육 → 기업 → 재투자 → 재교육으로 이어지는 지속 가능한 인재 생태계 구축이 될 수 있다. 혁신 인재들은 연봉이나 복지 수준이 아니라 기술 가치와 성장 잠재력을 보고 강소기업을 선택하며, 그 결과 중소기업의 평균 근속 연수는 대기업과의 격차를 30% 이상 좁힐 수 있다.

나아가 수도권에 집중되던 인재가 혁신 계약학과를 통해 지역 거점기업으로 순환하며 지역 균형 발전과 기술 생태계의 선순환이 완성된다. 이처럼 대기업 쏠림 현상이 해소되고 중간 인재층이 두터워지면, 대한민국은 인재 리스크 제로(Zero) 국가로서 세계의 벤치마킹 대상이 될 것으로 예상된다.

2) 실무형 기술 인재의 적시 확보 및 현장 적용력 극대화

기업이 요구하는 교과 과정을 교육기관(특성화고, 전문대학, 4년제 대학 이공계열)에 직접 개설함으로써, 채용 전부터 해당 기업문화와 실무 환경에 최적화된 맞춤형 기술 인재를 양성할 수 있다. 이는 교육과 산업 현장 간의 미스 매치를 해소하고, 신입 직원 채용 후 발생하는 장기간의 재교육 비용과 시간을 획기적으로 절감하여 인재의 즉각적인 산업 적용을 가능하게 한다.

3) 기술혁신 생태계 구축 및 사업화 촉진

중소기업이 대학 및 연구 기관과 함께 교과 과정을 설계하고 공동 R&D에 참여하는 과정을 통해 산학연 협력이 본질적으로 강화된다. 공동 연구개발(R&D)의 결과물은 시장성이 높은 특허 출원 및 혁신적인 신제품 개발로 이어져, 중소기업의 기술 자립도와 질적 성장을 가속화하고 궁극적으로는 기업의 사업화 역량을 증대시킨다.

4) 글로벌 역량 강화 및 해외시장 경쟁력 확보

계약학과 교육 프로그램에 국제 규격 및 글로벌 산업 인증 취득 과정, 그리고 선도 기술 습득을 위한 해외 경험 기회를 포함하여 지원한다. 이를 통해 졸업생들은 국내 기술뿐 아니라 글로벌 시장 동향에 대한 이해와 실질적인 경험을 갖추게 되며, 이는 중소기업이 기술력을 바탕으로 해외시장에 진출하고 글로벌 경쟁력을 강화하는 데 결정적인 교두보 역할을 수행한다.

5) 기업과 교육기관의 상호 발전 및 지속 가능한 성장 기반 마련

공동 연구개발(R&D)을 통해 창출된 기술적 성과와 노하우를 기업과 교육기관이 상호 공유하며 동반 성장하는 선순환 구조를 확립한다. 교육기관은 최신 기술 트렌드가 반영된 교육 자료와 우수 교수진을 확보하여 교육의 질을 높이고, 기업은 대학의 전문적인 기술 자문과 우수한 잠재 인력 풀((Talent Pool))을 지속적으로 활용함으로써 미래 성장 동력을 안정적으로 확보할 수 있다.

인력 풀 구성 크게 내부와 외부로 구분하며, 내부 인력은 현재 회사에 재직 중인 직원들 중 승진, 직무 이동(순환 보직), 신규 프로젝트 투입 등에 적합한 후보자 목록(예를 들어 설명하며, 핵심 인재 후보군, 후계자 계획 대상자) 등으로 구분하며, 외부 인력 풀은 과거 지원자, 헤드헌팅 네트워크, 인턴십 수료자, 퇴사한 우수 직원, 채용 박람회 참가자 등 회사 외부의 잠재적 후보자 데이터베이스로 구분하여 구축한다.

또한, 인력 풀의 중요성을 언급하면, 인력 풀을 구축하고 관리하는 것은 기업의 지속 가능한 성장과 경쟁 우위 확보에 매우 중요하며, 네 개의 측면으로 언급한다.

첫째, 신속한 충원, 예상치 못한 결원이나 신규 사업 추진 시, 외부 채용 기간을 단축하고 즉시 투입 가능한 인력을 확보하여 업무 공백을 최소화한다.

둘째, 인재 품질 향상으로 잠재적 후보자들을 지속적으로 관리하고 육성함으로써, 채용되는 인력의 질을 높이고 조직 적합성(Fit)을 사전에 검증할 수 있다.

셋째, 비용 효율성으로 수시 채용에 드는 광고비, 헤드헌팅 수수료 등 채용 비용을 절감하고 인적자원의 투자 효율성을 높일 수 있다.

넷째, 리스크 관리로 핵심 인재 유출이나 급격한 시장 변화에 대응할 수 있는 유연한 인력 운영 체제를 마련한다.

6) 전략, 산업별 5년(2025~2030년) 인력 수급 예측

표-23 산업 분야별 인력 수급 예측

산업 분야	현재 부족 인력 (2024년, 추정)	5년간 예상 수요 증가율	2030년 예상 공급 격차 (누적)
반도체(설계, 공정)	약 1,500명	18%	약 30,000명
AI/SW(데이터, 개발)	약 2,200명	25%	약 45,000명
바이오/헬스(R&D, 임상)	약 800명	15%	약 15,000명
로봇/미래차	약 500명	12%	약 10,000명
총계	약 5,000명	18% (평균)	약 100,000명

7) 인재 육성 관련 기존 정책 평가

표-24 추진 정책에 성과 평가

기존 정책	주요 내용	성과 (긍정)	한계 (부정)
LINC/LINC+ 사업	대학의 산학협력 선도 및 재정 지원	대학-지역사회 협력 모델 구축, 창업 교육 확산	- 기업의 주도적 역할 제한, 단발성 프로젝트 위주, 졸업 후 실무 역량과의 괴리 여전
K-Digital Training	첨단 분야 인력 양성 (고용노동부)	청년층 대상 디지털 교육 접근성 확대, 취업률 제고	- 중장년층 유입 미흡, 훈련 단가가 시장 가격 미반영, 질적 관리의 지속성 문제
마이스터고	기술 분야 명장 육성	우수 기술 인력 조기 양성, 높은 취업률	- 상위권 학생 선발에 집중, 산업 변화에 따른 유연한 커리큘럼 개편 속도 느림

8) 재원 확보 전략

앞서 제시한 사항들을 실행 시 필요한 재원 확보 전략 방안을 설명하면, 초기 실행 단계에서는 부처 간 예산 통합 또는 구조조정을 선행조건으로 상정하지 않는다.

초기 재원은 기존 사업의 중복·미집행 예산의 재구성, 직업훈련계정 내 세부 항목의 미세조정, 신규 목적기금·특별회계 등 정치적 부담이 낮은 방식으로 조달한다. 예산의 물리적 통합은 본 정책의 중·후기 단계에서, 공동사업 기반의 집행 구조가 안정화된 이후 성과 연동형 구조조정 방식으로 추진한다. 이를 통해 예산 통합이 되어 있어야만 사업이 가능하다는 순환 논리를 제거하고, 실행 가능성을 담보하도록 하는 방안을 제시한다.

4 | 국내외 성공 전략 벤치마킹 및 비교

4.1 성공 국가 전략 심층 분석

1) 독일 Dual System(기업+학교 병행)

표-25 인재 육성 성공한 독일 분석

특징	내용	시사점
기업 책임	- 교육의 70% 이상을 기업이 책임지고 훈련 (현장 OJT)	- 기업이 인재 육성에 법적, 재정적 책임을 지도록 공동 책임형 인재 육성 협약 필요
표준화	- 국가 인증된 직업 훈련 표준 및 자격 제도 (IHK)	- 산업별 NCS 기반 실습 표준을 강화하고 정부가 엄격하게 관리
주요 성과	- 낮은 청년 실업률 (OECD 최저 수준), 높은 기술 숙련도	

2) 싱가포르 Skills Future(전 국민 평생교육)

표-26 인재 육성 성공한 싱가포르 분석

특징	내용	시사점
생애 계좌	- 만 25세 이상 모든 국민에게 학습 계좌 제공, 지속적 지원	- 평생 학습을 개인의 선택이 아닌 필수로 인식시키고 재정적 지원 확대

특징	내용	시사점
산업 주도	- SkillsFuture Singapore (SSG)가 산업계와 협력하여 미래 직무 역량 예측 및 교육 모듈 개발	- 정부 주도하에 산업계가 직접 교육 수요를 예측하도록 제도화
주요 성과	- 높은 산업 변화 대응력, 기술 재교육 참여율 OECD 최상위	

3) 미국 STEM 중심 민간 혁신 교육

표-27 인재 육성 성공한 미국 분석

특징	내용	시사점
민간 혁신	- 대학과 기업의 자율적인 혁신 교육 프로그램 운영	- 규제 완화를 통해 기업 대학(Corporate University) 설립 및 운영을 대폭 장려
이민 정책	- STEM 분야 석박사 인재 유치에 특화된 비자 및 영주권 제도운영	- 우수 기술 인재 유치를 위한 파격적인 비자 제도 마련 시급

4.2 성공 요인 도출 및 적용 시사점

핵심 성공 요인은 기업의 의무와 책임으로 교육의 소비자가 아닌 생산자로서 기업의 역할을 법적으로 확립해야 한다. 생애 전주기 시스템 관리로 청년층을 넘어 전 국민의 기술 재교육을 국가가 책임지고 관리가 필요하며, 현장 중심의 자율성으로 교육 내용 및 방식에 대한 교사 및 현장의 자율성을 극대화하여 혁신을 촉진한다.

4.3 대한민국과 성공한 국가의 비교 분석

표-28 인재 육성 성공한 국가와 대한민국 분석

항목	한국 (현재)	성공 국가들 (벤치마킹 모델)	취약점 (Gap)
교육 방식	- 암기·입시 중심	- 실무·창의·자율 중심	- 실습/문제 해결 기반 교육의 부재
산업 연계	- 제한적 산학협력 (프로젝트 위주)	- 긴밀한 기업의 교육 책임(Dual System)	- 기업의 교육 투자 및 참여 동기 부족
평생교육 체계	- 청년층 중심 초기 단계	- 제도화된 성인 학습 시스템(SkillsFuture)	- 4050 세대 교육 인프라 공백
글로벌 역량	- 어학/국제 협업 교육 부족	- 다국적 협업·언어 교육 강화	- 글로벌 스탠다드 미달
교사 역량	- 과중한 업무, 낮은 자율성	- 고급 전문성, 자율적 교육 설계	- 교육 제공자의 산업 전문성 부족

5 | 결론 및 정부 실행 로드맵

5.1 3대 전략의 최종 목표

대한민국 중소기업 기술 인재 육성의 성공은"돈(錢/貨/金)(경제적 유인)", "학(學)(교육 시스템 연계)", "술(術)(숙련 기술 전수)"이 세 가지 요소가 유기적으로 결합 될 때 달성 가능하다. 정부는 이 핵심 요소에 대한 정책적 투자를 집중하여 중소기업이 "인재의 무덤"이 아닌 "혁신의 산실"로 변모하도록 환경을 조성해야 한다.

또한, 기관별 역할 명확화가 필요하다. 교육부·과기정통부·중기부 등 역할 분담이 명확해야 하고, 기업과 협업 기반 프로그램은 산학연 R&D, 교육, 창업, 재교육이 필요하며, 성과 기반 인센티브은 기업 참여와 인재 활용 촉진에 매우 중요하다. 따라서 정부 기관과 기업이 연계된 통합 인재 육성 체계를 구축해야만, 대한민국 기술 인재가 글로벌 경쟁력을 확보하고 지속 가능한 산업 혁신을 이루어낼 수 있다.

5.2 핵심 정책 제안, 5대 전략 및 15대 중점 과제

1) 산학연 협력 강화 (R&D-Edu Bridge) 전략

① 전략산업 특화 한국형 마이스터 대학(가칭) 기존, 대학교 내 특수학부의 형태로 설립 및 법제화이며, 구체적인 실행 방안은 반도체, AI, 바이오 등 전략 산업 클러스터 인근에 (가칭)산업기술 전문대학원 설립. 교육과정을 70% 이상 기업 참여형 실습/현장 중심으로 구성하고, 졸업 시 국가 공인 "산업기술 전문 학위" 부여하는 제도를 신설하여 취약한 이론과 논리적, 실무적인 과정을 체계적으로 교육하여 우수 숙련 기술 전문 인력을 양성한다.

또한, 목표는 5년간 5개소 설립(지역별 1개소 이상), 졸업생의 90% 이상 전략산업 취업 연계를 통하여 취업난 문제를 해결하며, 관련 법적 근거는 "산업 인재 육성 특별법"을 신설 추진(대기업 인턴십 참여 모델과 공동 책임형 협약 모델, 즉 시장경제 원칙 및 기업 자율성과 상충하지 않도록 하며, 인센티브 기반의 협약형 참여 모델을 적용한다. 기업은 정부 R&D 매칭 우대, 우수기업 인증, 인재 매칭 지원 등 실질적 이익을 제공받을 수 있도록 하고고, 참여 수준은 기업 규모와 직무 특성에 따라 차등화) 한다.

② 취업 후 상환 기업 주도형 인턴십 공동 책임형 인재 육성 협약의 구체적인 실행 방안으로, 자산 규모 10조 원 이상의 대기업에 대해서는 의무적 참여 비율을 부과하는 방식 대신, 정부-기업 간 "공동 책임형 협약 모델"을 적용한다. 기업의 자발적 참여를 유도하기 위

해 세제 혜택, 규제 특례, 정부 프로젝트 우선권 등 실질적 인센티브를 제공하며, 기업은 청년 인력풀 확보·산업별 전문 기술 축적 등 직접적 이익을 얻을 수 있는 구조로 설계한다.

③ 석·박사급 R&D 인재의 산업계 전문 교수 확대

구체적인 실행 방안은 현직 명장, 국가 산하 연구기관에서 근무한 전문연구원, 기술사(산업계 근무자), 산업계 20년 이상 경력의 최고 전문가(유☆☆, 이☆☆ 박사/연구원, 대한민국 정부가 인정한 명장, 국가 기술 자격을 갖춘 기술사와 같은 산업계의 권위 있는 인재를 포함)를 대학/특성화고 교육의 전문성 제고를 위한 합리적인 방안으로, 정책으로 제안된 핵심적인 사항 실현을 위해서는 장기 계약형, 전문 전임(Industry Faculty Track) 교수 모델을 도입한다. 해당 트랙은 교육·현장 지도·프로젝트 기반 연구 등 전임 수준의 역할을 수행하되, 임용 및 제도 설계는 대학의 자율권을 보장하는 방안을 제시한다.

지원 기준은 전문 교수 인건비는 최대 5년간 정부가 70%를 지원하고, 이후 교육기관이 승계하도록 하며, 숙련 기술 전수 및 기술 보안 멘토링 활동을 핵심 성과 지표(KPI)에 반영한다. 목표는 2030년까지 직업계고 및 전문대에 전문 교수 1,000명 이상 확보를 추진한다. 이는 연간 최소 700억원, 5년간 3,500억 원 규모의 신규 고정 예산을 의미한다. 그러나 재원 전략에서는 "초기 단계에서 예산 구조조정을 선행하지 않는다"고 밝히고 있어 재정 추계와 재원 원리가 충돌한다. 기술 인재 육성의 필요성은 타당하지만, 실제 예산 조달 방식이 논리적으로 연결되지 않는 요소를 설명하면, 단계적 도입(200명 →400명 →1,000명), 지원율 40~50%, 명확한 구조조정을 통한 필요 재원을 충당하는 방안이다.

표-29 전문 교수 1,000명 정책 재정 문제 요약

항목	내용
정책 내용	- 국내 산업계 전문 교수 1,000명을 확보하고, 정부가 이들의 인건비의 70%를 5년간 지원하는 정책으로 목적은 산업 맞춤형 고급 인재 양성 및 산업-학계 협력 강화
비용 규모	- 연간 최소 700억 원 필요(1인당 평균 연봉 가정 기준) - 5년간 총 3,500억 원 이상 신규 고정 예산 발생 - 인건비 외 연구비, 교육 인프라 지원비 별도 발생 가능
정치적 리스크	- 특정 대학/산업계 집단에만 혜택이 집중될 경우 형평성 논란 발생 가능 - 기획재정부, 교육부 등 핵심 재정 당국의 반발 가능성 높음 - 정치권에서 "특정 집단 지원 정책"으로 비판받을 가능성 존재
실행 가능성	- 기존 국비 훈련사업 및 연구 지원 사업만으로는 1,000명 인력 충당 불가 - 재원 확보 및 예산 집행 구조가 불명확하여 초기 단계 실행 어려움
개선 방향	1. 단계적 도입, 초기 200명 → 중기 400명 → 최종 1,000명으로 점진적 확충 2. 정부 지원율 조정, 70% → 40 – 50% 수준으로 조정하여 재정 부담 완화 3. 재원 구조 명시, 기존 예산 구조조정 또는 신규 재원 확보 계획 명확화 4. 정치적 합의 기반 마련, 기재부, 교육부 협의, 산업계·대학 균형 지원 체계 설계

- 전문 교수 1,000명 정책 재정 재원 조달 경로 구체화 방안

가. 기존 예산 재조정, 유사·중복 국비 훈련사업 통합 또는 축소 → 예산 일부 전용이며, 불필요한 행정 운영비, 연구 지원비 중복 항목 절감이다. 아울러 신규 재원 확보는 산업계 공동 출연금(산업체-정부 매칭) 활용이며, 교육부, 기재부 예산 내 산업 맞춤형 인재육성 특별회계 신설, 재정적 부담이 적은 성과 기반 지원 모델 적용(산업체 기여·성과 달성 시 추가 인건비 지원) 이다.

나. 재원 구조 투명화, 각 단계별 투입 비용, 정부·산업체 부담 비율, 사용처 명확화이며, 5년 계획 단계별 재정표를 작성한다.
1단계(200명), 연간 인건비 + 연구비, 지원 비율 40%
2단계(400명), 동일 구조, 정부 부담 점진적 증가
3단계(1,000명), 최종 지원율 50~60% 수준, 필요 시 추가 재원 확보

다. 재원 안정성 확보 방안으로 장기 재정계획이며 정부 예산 변동성, 정치적 우선순위 변화 대비 중도 탈락 교수/산업체 참여 감소 대비 유연한 재원 배분 구조 마련이며, 성과 평가 연계하여 교수당 교육·연구 성과에 따라 인건비 일부 차등 지급 → 재원 낭비 최소화 방안이다.

④ 숙련 기술 고도화를 통한 글로벌화 지원

산업계 전문 교수 확대 정책은 현장 경험과 교육 전문성을 결합하

는 핵심 전략이다. 여기에 정부 R&D 지원 체계, 기술 사업화 플랫폼, 글로벌 공동 연구·인증 지원을 추가하면, 명장이 가진 최고의 숙련 기술을 발전시키고 중소기업 경쟁력 강화와 글로벌 시장 진출을 동시에 달성할 수 있다.

이것은 전문 교수 트랙과 연계된 R&D 지원 제도로 준비가 필요하며, 명장·기술사·산업계 전문가가 대학·특성화고에서 교육과 연구를 수행할 때, 정부가 연구개발비를 직접 지원하여 교육-연구-산업 현장 연결을 강화할 수 있고, 프로젝트 기반 지원으로 교수·학생·기업이 공동으로 참여하는 프로젝트에 정부 R&D 자금을 배정, 실질적인 기술개발과 현장 적용을 촉진할 수 있다. 아울러 성과 기반 인센티브제를 통해 특허, 기술 이전, 논문, 산업 적용 성과에 따라 추가 지원을 제공해 지속적인 혁신 유도한다.

지원 사업을 통해 개발된 기술, 성과물의 사업화 방안을 제시하면, 산학 공동 창업 지원으로 명장·전문 교수와 학생이 공동으로 창업할 수 있도록 인큐베이팅 프로그램, 초기 자금, 법률·특허 지원 제공하며, 기술사업화 플랫폼 구축을 통하여 대학·연구소에서 개발된 기술을 중소기업과 연결하는 플랫폼을 운영해, 현장 적용과 상용화를 촉진 시킨다. 또한 중소기업 맞춤형 기술 이전 제도를 적용해 대기업 중심이 아닌 중소기업에 적합한 기술 이전·사업화 모델을 설계하여, 중소기업 경쟁력 강화에 직결되도록 하며 글로벌 역량 강화로 이어질 수 있는 국제 공동 연구 프로그램, 해외 대학·연구소와 공동 연구를 추진해 명장·전문 교수의 기술을 글로벌 수준으로 확장한다. 이러한 프로그램을 통해 해외 인턴십 및 교환 프로그램으로 연계되어 학생들이 글로벌 기업·연구소에서 경험을 쌓도록 지원, 산업계 전문 교수와 연계된 글로벌 현장 학습 강화하고, 글로벌 인증 및 표준화로 사업화된 기술이 국제 인증·표준을 충족할 수 있도록 정부 차원의 지원 체계 마련, 해외시장 진출 기반 확보도 마련할 수 있다.

가. 투명한 선발·임용 절차

산업계 전문가를 교수로 임용할 때 공개 모집·심사제도를 도입하며, 대학·산업계·정부가 공동으로 참여하는 심사위원회를 구성해 객관적 기준에 따라 선발하도록 한다. 평가 기준은 경력(20년 이상), 기술 자격(명장, 기술사, 전문연구원), 연구 성과, 기술 숙련도, 산업 기여도 등으로 평가 기준을 마련한다.

나. 균형 있는 연구비 배분

정부 R&D 지원은 특정 교수 개인이 아니라 프로젝트 단위로 배분하며, 대학·기업·학생이 함께 참여하는 공동 연구 프로젝트에 지원금을 지급해 공정한 분배를 보장하도록 하며, 성과 기반 인센티브 제도를 도입해, 특허·논문·사업화 성과에 따라 추가 지원한다.

다. 제도적 트랙 분리

기존 학계 교수와 산업계 교수는 별도의 트랙(Industry Faculty Track)으로 운영하며, 임용·평가·보수 체계가 다르며, 서로 경쟁하지 않고 역할을 분담한다. 학계 교수는 이론·기초 연구 중심, 산업계 교수는 현장·응용 연구 중심으로 차별화되도록 한다.

라. 공정성 검증 장치

정기 평가 제도 도입을 통해 교육·연구·산업 기여도를 5년 단위로 평가해 임금에서 차별화를 두도록 하며, 2회 연속 최저 평가를 받을 시 학교/기관에서 특별 제제(감봉)와 우수 전문 교수한테는 충분한 보상 여부를 결정하도록 하며, 외부 감사 및 모니터링을 통해 연구비 사용, 사업화 과정의 투명성을 확보하며, 여기에 학생·산업계·학계의 피드백 시스템을 운영해 현장의 목소리를 반영한다.

마. 글로벌 표준과 연계

해외 사례(ex: 미국의 Adjunct Industry Professor, 독일의 Meister 제도)를 벤치마킹해 국제적 기준에 맞춘 제도 설계하고 국제 공동 연구·표준화 과정에 참여시켜 국제적 공정성을 확보한다.

산업계 명장을 전문 교수로 영입하는 제도가 공정성 문제를 일으킬 수 있다는 우려는, 투명한 선발 절차, 프로젝트 기반 연구비 배분, 학계·산업계 교수 트랙 분리, 정기 평가 및 감사 제도, 글로벌 표준 연계를 통해 해결할 수 있다. 이렇게 하면 제도가 특혜가 아닌 산업·교육·연구 생태계 전체의 균형 발전을 위한 장치로 자리매김할 수 있다.

2) 평생교육 체계 고도화(Life-Cycle Tech-Skill Up) 전략

① 국민 내일배움카드 전략 분야 교육 단가 현실화로 구체적인 실행 방안은 반도체/AI 등 첨단 기술 분야의 훈련 비용이 고가임을 인정하고, 해당 분야 훈련에 대한 정부 지원 단가를 시장 평균 95% 수준으로 대폭 상향. 훈련 시간도 최소 800시간 이상의 장기 과정에 대한 지원을 우선화 한다. 목표는 첨단 분야 내일배움카드 훈련생 수 연간 5만 명 달성이다.

② 4050 재취업, 직무 전환 골드 에이지 전문 교육 센터로 구체적인 실행 방안은 4050 중장년층 전용 디지털 전환(DX) 직무 교육센터(골드 에이지 센터)를 전국 주요 거점 도시에 설립(5년간 15개소)하고, 교육은 기존 경력과 연계 가능한 경영 관리, 공정 최적화, 융합기술 관리 등의 직무로 특화하며, 목표는 교육 이수자 취업 연계 목표율 70%(3년내)을 고려하여 설정한다.

③ 비정규직/특수 형태 근로자 대상 교육 접근성 강화로 구체적인 실행 방안은 유연한 근무형(야간, 주말, 모바일) 교육 프로그램 인센티브+공동 협약형 참여 모델 개발, 특수 형태 근로자의 학습 시간을 근로 시간으로 일부 인정하는 제도 도입을 검토한다.

3) AI 기반 맞춤형 교육 시스템 도입 (A.I. Personalized Learning) 전략

① (가칭) 국가 기술 역량 빅데이터 플랫폼 구축으로 구체적인 실행

방안은 전 국민의 기술 자격, 교육 이수 내역, 직무 수행 이력, 기업별 요구 역량 데이터를 통합하는 빅데이터 플랫폼 구축. 이를 통해 개인의 기술 역량 수준을 과학적으로 진단하며, 목표는 2028년까지 500만 명 이상의 기술 역량 데이터 확보 및 연동을 추진한다.

② AI 기반 진단, 추천, 매칭 시스템 개발로 구체적인 실행 방안은 빅데이터 플랫폼을 활용하여 개인별 현재 역량과 목표 직무 간의 격차를 AI가 진단하고, 이 격차를 메울 수 있는 최적화된 교육 모듈을 추천. 기업 에게는 요구 직무에 80% 이상 일치하는 인재를 추천하는 매칭 서비스 제공한다.

③ 교육 콘텐츠의 디지털 전환 가속화(VR/AR 실습)로 구체적인 실행 방안은 고위험 산업(원전, 중공업) 및 첨단 산업(반도체 클린룸) 분야의 VR/AR 기반 몰입형 실습 시뮬레이션 콘텐츠 개발에 5년간 500억 원의 특별 예산 편성을 추진하여 실행한다.

4) 글로벌 역량 및 인재 유치 강화 (Global Talent Hub) 전략

① 기술 인재 Global 300 해외 연수 프로그램 확대로 구체적인 실행 방안은 전략산업 분야 청년 인재의 해외 단기/장기 연수 규모를 현재 연간 100명에서 300명으로 3배 확대. 미국 MIT, 독일 TUM, 싱가포르 NTU 등 선도 대학 및 글로벌 기업 연수를 "인센티브 기반 공동책임 모델"을 중심 교육 철학으로 채택하여 실시함으로써 실무적인 기술과 이론을 겸비하도록 하고, 연수 후 국내 의무 복무

기간(3년) 설정하며, 목표는 연수 이수자의 국제 공동 프로젝트 참여율 80% 달성을 추진한다.

② 외국인 우수 기술 인재 유치 패스트 트랙 비자 및 영주권 제도 혁신으로 구체적인 실행 방안은 STEM 분야 외국인 유학생 및 경력자를 위한 골드 카드 비자(3년) 신설. 국내 이공계 석, 박사학위 취득자에게는 영주권 획득 요건을 3년 내로 대폭 완화하는 기술 인재 특별귀화 제도 도입을 추진한다. 또 다른 대안은 AI, 바이오, 차세대 반도체 등 국가 전략 기술 분야에서 5년 이상의 경력을 가진 외국인 전문가를 고용하는 인증된 기술 기반 중소기업에 한해, 영주권 획득까지의 심사 기간을 대폭 단축하는 글로벌 니치(Niche) 인재 비자 트랙을 신설하여, 인재 유치의 속도와 효율성을 극대화 방안도 적극 검토하여 추진이 필요하다.

③ 국제 공동 교육·연구 프로젝트 강화로 구체적인 실행 방안은 글로벌 선도 대학과의 공동 학위 및 복수 학위 프로그램을 5년간 20개 이상 신설하고, 이 프로그램에 참여하는 국내 대학에 파격적인 재정 지원(대학별 연간 50억 원 내외)한다.

5) 교사 역량 및 교육 자율성 강화(Educator Empowerment) 전략

① 직업계고 교사 대상 산업체 펠로우십(Industry Fellowship) 제도화로 구체적인 실행 방안은 직업계고 교사의 산업체 장기 연수 기간을 최소 6개월 이상 "인센티브 기반 공동책임 모델" 중심의 교육

적 철학으로 채택하도록 하며 주기는 3년으로 단축하고, 연수 미이수 교사에 대한 승진 및 인사 평가에 감점 요소를 반영하여 제도 정착 유도한다. 대학이나 연구기관의 전문 인력(주로 정부 산하기관 연구소 박사, 박사급 연구원)이 일정한 기간 동안 기업 현장에서 실무 프로젝트에 참여하거나, 반대로 기업의 우수 인력(대한민국 명장과 기술사 전문가)이 교육기관에서 학생들을 가르치고 공동 연구를 수행하도록 지원하는 제도이며, 기술 이전 및 현장성 강화, 산학협력 심화, 인력 수급 격차(CLD:Causal Loop Diagram) 해소 기여하는 목적으로 운영되며, 학계와 산업계 인력의 상호 교류를 통해 교육의 현장성을 높이고 기술혁신을 가속화 하는 핵심적인 산학협력 모델이다.

② 교육과정 및 교재 설계 자율성 보장 및 예산 지원으로 구체적인 실행 방안은 학교 및 교사 단위의 지역 산업 맞춤형 교육과정 설계 자율권을 전면 보장하고, 이를 위해 혁신 교육 특별 예산(학교당 연간 5천만 원)을 신설하여 자율적 교재 개발, 기자재 구입 등에 사용하도록 지원한다.

③ 교원 행정 업무 경감 및 전문성 평가 제도 개선으로 구체적인 실행 방안은 교원 1인당 행정 보조 인력을 확대 배치하고, 교사의 평가 지표를 학생 지도 및 교육 연구 실적(전문성) 중심으로 재편하여 행정 업무 부담을 30% 이상 경감하는 것을 목표로 한다.

6) 기대 효과

① 정량적 경제성 성과 예측으로 첫째, 인재 수급 불균형 해소로 2030년까지 전략산업 인력 수급 격차율(CLD)을 현재 3.0% 수준에서 1.5% 미만으로 감축한다. 둘째, 경제 성장 기여로 기술 인재 공급 확대로 인한 연평균 잠재 GDP 성장률 0.5%p 추가 기여(한국개발연구원 모델 추정)할 것이다. 셋째, 고용률 증가로 중장년층 교육 후 취업률 증진 및 청년 실무형 인재 확보로 청년/중장년 고용률 합산 2%p 상승할 것으로 예상된다.

② 정성적인 교육, 사회적 성과는 교육 만족도 향상으로 교육-산업 간 미스매치 해소로 학생들의 교육 만족도 및 산업 현장 적응력 대폭 향상과 기술 경쟁력 강화로 해외 우수 인재 유치와 국내 인재의 글로벌 역량 강화를 통해 IMD(International Institute for Management Development) 국가 경쟁력 지수(IMD World Competitiveness Ranking) 중 기술 능력 부문 순위 상승 기여하며, 지속 가능한 성장 기반으로 생애 전주기 교육 체계 구축을 통해 미래 산업구조 변화에 대한 사회적 유연성 확보할 것으로 예상된다.

5.3 15대 과제 실현을 통한 정당하게 인정받는 포용적 사회의 실현 기술 강국 2.0

15대 과제 실현으로"기술 강국 2.0"으로 사람과 기술이 선순환하는 포용적 성장 사회로 발전한다. 고질적인 문제인 인력 수급 불균형, 경력 단절, 교육의 현장성 부족을 근본적으로 해소하고, 초격차 기술을 선도하는 지속 가능한 성장 엔진을 구축할 것으로 예견된다.

1) 초격차 기술 선도로 중소기업의 혁신 DNA

- 정책 목표에 따른 미래 사회의 모습과 객관성과 근거를 제시하여 설명한다.

표-30 산학연 및 글로벌 전략의 성과

정책 목표	미래 사회의 모습	객관성 및 근거
산학연 협력 강화 (R&D-Edu Bridge)	1. 중소기업의 R&D 역량 대기업 수준 도약, 산업기술 전문대학원에서 배출된 국가 공인 산업 기술 전문 학위 소지자들이 전략 산업 클러스터에 바로 투입. 2. 이들은 취약한 이론과 실무적 훈련을 체계적으로 마친 즉시 전력 증강 엔지니어로, 중소기업의 기술 고도화 속도를 획기적으로 높인다. 3. 석·박사급 산업계 전문 교수가 전임으로 활동하며 대학/직업계고의 교육 질을 산업계 최고 수준으로 끌어올려, 대기업과 중소기업 간의 기술 격차가 실질적으로 줄어든다.	1. 객관성, 기술 인력 수급 격차율 1.5% 미만 감축의 정량적 목표 2. 기대 효과 ①은 중소기업의 만성적 인력난 해소를 통한 생산성 향상을 의미한다. 3. 정년 트랙 전문 교수 임용은 교육의 현장성 확보라는 근본적 해법이다.
글로벌 역량 및 인재 유치 강화 (Global Talent Hub)	1. 글로벌 기술 인재의 메카로 비자 완화, 영주권을 비롯한 거주 제도를 통해 세계 최고 수준의 STEM 인재들이 한국의 대학과 중소기업으로 유입된다. 2. 이들은 국내 인재들과 함께 국제 공동 교육·연구 프로젝트에 참여하며, 국내	1. 객관성, IMD 국가 경쟁력 지수(기술 능력 부문) 순위 상승 기여 2. 기대 효과 ②는 글로벌 인재 유치 및

	중소기업은 해외시장 진출에 필수적인 글로벌 R&D 네트워크와 인재 풀을 확보하게 된다. 3. 기술 인재 Global 300 해외 연수 졸업생들은 최첨단 지식과 경험을 국내 산업 현장에 이식하는 기술 전파자가 된다.	역량 강화를 통한 국가 기술 경쟁력의 객관적인 상승을 의미한다.

2) 전 국민 평생 유연하고 활력 있는 사회

표-31 평생교육 및 AI 시스템 전략의 성과

정책 목표	미래 사회의 모습	객관성 및 근거
평생교육 체계 고도화 (Life-Cycle Tech-Skill Up)	1. 4050 세대의 제2의 전성기 Golden Age 전문 교육 센터를 통해 재취업/직무 전환을 성공적으로 마친 4050 중장년층이 경영 관리, 공정 최적화 등의 핵심 직무에 대거 재진입한다. 2. 경륜과 첨단 기술 지식을 융합하여 중소기업의 관리 역량과 생산성을 높이는 핵심 인재가 된다. 3. 비정규직/특수 형태 근로자들도 유연한 교육 접근성 덕분에 경력 단절 없이 기술을 업그레이드할 수 있다.	1. 객관성 4050 교육 이수자 취업 연계 목표율 70% (3년 내), 청년/중장년 고용률 합산 2%p 상승 2. 기대 효과 ①은 교육이 실질적인 경제 활동 참여로 이어지는 사회적 유연성 확보의 증거다.
AI 기반 맞춤형 교육 시스템 도입 (A.I. Personalized Learning)	1. 기술 역량의 과학적 진단과 성장으로 모든 국민은 국가 기술 역량 빅데이터 플랫폼을 통해 자신의 기술 수준을 정확히 진단받는다. 2. AI 추천 시스템은 개인의 역량 격차를 메우는 최적화된 교육 모듈을 제공하고, 기업에는 요구 직무 일치율 80% 이상의 맞춤형 인재를 즉각 매칭한다.	1. 객관성 교육-산업 간 미스매치 해소로 인한 학생 교육 만족도 및 산업 현장 적응력 대폭 향상 2. 기대 효과 ②는 AI 기반 과학적 매칭

	3. 교육과 고용 간의 미스매치가 사라져 취업 후 상환 인턴십을 마친 청년이 바로 적소에 배치된다. 4. 고위험/첨단 산업의 VR/AR 실습은 안전하고 효율적인 교육을 가능하게 하여 산업 재해율을 낮추고 기술 숙련도를 극대화한다.	시스템의 직접적인 효과다.

3) 교육 혁신의 완성, 교사의 현장 전문가 화

표-32 교사 역량 전략의 성과

정책 목표	미래 사회의 모습	객관성 및 근거
교사 역량 및 교육 자율성 강화 (Educator Empowerment)	1. 미래 산업을 설계하는 교실로 직업계고 교사들은 산업체 펠로우십(최소 6개월 규정)을 통해 3년마다 산업 현장의 최신 기술과 트렌드를 체화한다. 2. 교실은 더 이상 이론만 가르치는 곳이 아니며, 교사는 산업 현장의 지식을 학생들에게 직접 전수하는 현장 전문가가 된다. 3. 학교별 교육과정 설계 자율권과 혁신 예산은 지역 특화 산업과 연계된 창의적이고 실효성 있는 교육을 가능하게 한다.	1. 객관성 기술 이전 및 현장성 강화, 산학협력 심화라는 펠로우십의 운영 목적은 교육의 질적 혁신을 보장한다. 2. 교사 평가 지표를 전문성 중심으로 재편하는 것은 행정 업무 부담 경감과 더불어 교육의 질이 학교 평가의 핵심이 되는 구조를 만든다.

이러한 과제가 성공적으로 실현 후 달성된 대한민국 2.0의 미래는 다음과 같은 감동을 선사할 것으로 예상된다.

첫째, 숙련 기술의 존중과 계승으로 명장, 기술사 등 최고 전문가가 정년 트랙 전문 교수로 대우받으며 젊은 세대에게 기술을 전수하고, 이들이 중소기업의 혁신을 이끌어 숙련 기술인에 대한 사회적 존중이 최고조에 달할 것으로 예상된다. 산업계의 권위 있는 인재, 대한민국 정부로부터 인정받은 인재가 기술 교육의 전문성을 제고하는 시대가 열린다.

둘째, 경력 단절 없는 평생 성장으로 4050 중장년층이 첨단 기술로 무장하고 제2의 전성기를 맞이하며, 나이는 더 이상 성장의 장벽이 되지 않는 활력 있는 사회가 된다.

셋째, 경제적 포용성 강화로 모든 국민이 AI 기반 맞춤형 교육을 통해 자신의 잠재력을 최대한 발휘하고, 중소기업과 대기업이 상생하며 연평균 잠재 GDP 성장률 0.5%p 추가 기여라는 지속 가능한 경제 성장을 이룩할 것으로 예상되며, 이러한 미래의 결과는 단순한 경제 성장을 넘어 모든 세대가 자신의 자리에서 기술혁신에 기여하고, 그 노력이 **"정당하게 인정받는 포용적 사회의 실현"**이며, 이는 대한민국 국민 모두에게 가장 감동적인 비전이 될 것이다.

5.4 기술 인재 육성 정부 실행 로드맵

표-33 인재 육성을 위한 정부 로드맵

단계	기간	핵심 전략	중점 과제
단기	1-2년	유출 방지 및 교육 연계 시작	장기근속 세제 혜택 즉시 시행, 계약학과 수 2배 증대
중기	3-5년	시스템 구축 및 질적 성장	산업별 공동 훈련 센터 설립 완료, 명장 멘토링 인센티브+협약형 참여 모델(제도), DX 교육 바우처 확대
장기	6년 이상	선순환 생태계 정착	스톡옵션 기반 성과 공유 시스템 정착, 중소기업 출신 글로벌 기술 리더 배출 및 재교육 시스템 자립화

6 | 정책 제언 (가칭)중소기업 인재 혁신청 신설

기술 인재 확보 및 육성 관련 정책이 여러 부처(교육부, 고용노동부, 중소벤처기업부)에 분산되어 있어 효율성이 떨어진다. 중소기업 인재 문제만을 전담하고 강력한 정책 추진력을 확보할 수 있도록 국무총리실 산하에 (가칭)**"중소기업 인재 혁신청(SME Talent Innovation Agency)"**을 신설하여, 인재 육성 정책의 일관성과 추진력을 확보하는 것이 필요하다.

이 혁신청은 인재 **"공급"**부터 **"유지"**, **"재교육"**까지 전 과정을 통합 관리하여 중소기업 기술 인재 생태계의 컨트롤 타워 역할을 수행할 수 있도록 정부의 정책적 전폭적인 지원이 반드시 필요하다. 그리고 혁신청 신설에 필요한 특별법의 집행기관으로 중소벤처부가 법적 근거 마련과 정책 추진의 일관성과 안정성을 담보할 수 있는 관련 규정이 마련되어야 한다.

6.1 거버넌스 문제 해결 방안 단계적 이행(Phased Approach) 로드맵

(가칭)중소기업 인재 혁신청 신설이라는 이상적 목표를 제시하되, 현실적 난관인 부처 간 저항을 극복할 수 있도록 현실적인 단계별 로드맵

을 제시한다.

실행 가능성 중심 단계로 설계하며, 예산·거버넌스·참여 구조는 초기-중기-후기 단계로 명확히 구분하여 구현되도록 하며, 시장 원칙 존중하여 의무화보다 "인센티브 기반 공동책임 모델"을 우선 적용한다. 또한, 대학·기업 자율성 보장을 위해 정부는 강제가 아닌 기준·지원 중심이며, 성과 기반 확장을 위한 성과 축적 뒤 고도화 및 조직 전환 추진으로 실행될 수 있도록 이행 방안을 제시한다.

☞ 참고, 거버넌스(Governance) 통치·운영 체계를 의미하며, 단순한 지배나 관리가 아니라 다양한 이해관계자가 참여해 협력·조정·책임·투명성을 바탕으로 조직이나 사회를 운영하는 방식이다.

1단계 (위원회 출범)

먼저 총리실(또는 대통령실) 직속 "중소기업 인재혁신 위원회"를 출범시켜, 각 부처에 흩어진 인재 양성 예산과 사업의 "조정 권한"을 확보한다. 이는 기존 부처의 조직을 침해하지 않으면서도, 비효율적인 사업 통폐합을 통한 재원 확보 및 정책 조율을 통해 부처 간 협력의 성공 사례를 만드는 데 집중한다.

1단계 위원회는 부처 예산을 직접 조정·통합하는 기관이 아니라, 관련 사업의 적합성·중복성·우선순위를 심사하는 법적 권한을 기반으로 조정력을 확보하는 구조로 설계한다. 부처는 신규사업 추진 시 위원회의 사전 검토를 의무적으로 거치도록 하며, 위원회는 국무조정실 산하에 설치하여 실·국장급 파견 인력을 통해 실질적 조정 역량을 확보한다.

- 기술인재 정책 조정위원회
- 국무조정실 산하 설치
- 사전 적합성 심사권, 사업 중복성 필터링 권한 부여
- 실·국장급 파견 정례화
- 예산 직접 통합이 아닌 "사업 심사–우선순위 조정" 중심 조정권 확보

2단계 (혁신청 전환)

1단계에서 조정 및 통폐합을 통해 효율성이 입증되면, 이 위원회를 "인재 혁신청"으로 전환하여 "공급-유지-전수"의 전 생애주기를 통합 관리하는 컨트롤 타워 역할을 할 수 있도록 제도화를 위한 행정/법적조치가 필요하다. 이로써 "혁신청은 조직의 팽창이 아닌, 기능의 통합이자 혁신"임을 강조하며, 부처 이기주의를 혁신 성과로 창출하는 데 집중하도록 한다. 혁신청에서는 크게 3가지 업무를 추진하며, 첫째 예산의 조정 및 재분배 권한 둘째, 사업 통합 및 폐지 권한 셋째, 정책 협의 및 이행 평가 권한의 업무가 필요하다.

혁신청(2단계)은 위원회의 성과 축적과 정치적 승인 이후 전환하는 후단 과제임을 명확히 하고, 조직 신설이 필요한 행정적·정치적 절차를 문서에 명시하여 정책 실현 가능성을 높이는 방안으로 추진할 때 성공 가능성은 매우 높을 것으로 예상된다.

- 위원회 성과 평가 + 국무회의·국회 승인 후 전환
- 기술인재 정책의 전주기 집행·평가·조정 기능 통합

- “조직 신설이 전제된 정책”이 아니라, 정치적 승인 이후 도입되는 후단 과제임.

6.2 혁신청의 정체성은 조직 팽창이 아닌 문제 해결을 위한 조정자

핵심은 혁신청이 기존 부처의 권한을 뺏어오는 조직이 아니라, 부처간 협업이 불가능했던 영역을 조정하고 최적화하는 역할을 수행 한다는 점이고 다음과 같은 순으로 진행이 요하다.

① 조정 권한의 선행 입증 (1단계)

1단계에서 총리실/대통령실 직속 위원회가 조직 변화 없이 예산 및 사업의 조정 권한만으로 정책 비효율을 개선하고 협력의 성공 사례를 만드는 성과를 선행적으로 보여주도록 업무를 추진한다.

② 통합의 명분 확보 (2단계)

이미 효율성이 입증된 기능적 통합체를 법제화하여 혁신청으로 전환하는 것이므로, 이는 단순한 조직 팽창이 아닌 '국정과제의 성공적 이행'을 위한 구조적 최적화로 간주 된다.

③ 부처 이기주의 돌파 논리

부처들이 개별적으로는 해결할 수 없었던 “인재난”이라는 난제에 대해, 혁신청은 통합적 접근을 통해 유의미한 정책 성과를 창출한다. 이

혁신 성과 자체가 기존 부처의 비협조적 태도(이기주의)를 극복하는 가장 강력하고 객관적인 논리적 근거가 된다. 미리 예상해 본다면, "통합했더니 중소기업 인재 경쟁력이 확실히 올랐다"는 결과로 논란을 잠재우는 것이다.

결론적으로 중소기업 인재 혁신청은 조직의 볼륨을 키우는 외형적 변화가 아니라, 파편화된 인재 정책 시스템을 통합하여 시너지 효과를 극대화하는 내부적 기능 혁신이며, 이 혁신은 곧바로 중소기업의 성과로 이어져 부처 이기주의라는 현실적 난관을 돌파하는 핵심 동력이 될 수 있다. 중소기업 인재 혁신청의 신설이 조직의 팽창이 아닌, 기능의 통합이자 혁신이고, 이를 통해 부처 이기주의(Silo Effect)를 극복할 수 있다.

1) 기능적 중복 해소 및 자원 효율화

표-34 Zero-Sum Game 탈피

현상 (부처 이기주의)	혁신청 전환 (기능 통합 및 혁신)	논리적 타당성
- 정책 및 예산 중복 여러 부처(고용부, 중기부, 교육부 등)가 유사한 중소기업 인재 양성 및 교육 사업을 각자 운영하며 예산이 파편화 및 중복 투입됨	- 통합 및 통폐합을 통한 효율 증대 1단계 위원회에서 분산된 예산과 사업을 조정/통폐합하여 비효율적인 낭비 요소를 제거하고, 확보된 재원을 핵심적인 맞춤형 지원에 집중	- 더 적은 조직으로 더 큰 효과 내는 효율성이 입증으로, 단순한 조직 증설이 아닌 국가 자원 재배치의 혁신으로 인식됨(조직 팽창 비판 회피)

현상 (부처 이기주의)	혁신청 전환 (기능 통합 및 혁신)	논리적 타당성
- 정책 단절 및 비연속성 인재공급(교육)-유지(고용환경)-전수(숙련 기술)의 전 생애주기 정책이 부처 간 칸막이로 인해 유기적으로 연결되지 못하고 단절됨	- 전 생애주기 통합 관리 혁신청이 인재의 공급-유지-전수를 아우르는 단일 컨트롤 타워 역할 수행하고, 중소기업 현장의 복잡한 인재 문제에 대해 원스톱 솔루션 제공 가능	- 성과 창출의 가속화 및 연쇄 효과를 통해 중소기업의 혁신 성과로 직접 연결됨. 이는 부처 간 협력 실패의 결과물을 통합적 성과로 돌파하는 근거가 됨

2) 현실적 난관 극복을 위한 현실적 논리

표-35 정책 실현에 필요한 현실적 논리

난관 요소	난관 및 비판 요소	현실성과 논리성
(가칭) 중소기업 인재 혁신청 신설	부처 간 극심한 저항, 정치적 비용 막대.	- 2단계 로드맵 제시로 정치적 비용 최소화(총리실 직속 위원회 → 혁신청 전환) 핵심은 조직 팽창이 아닌 기능 통합임을 강조
산업계 전문 교수 인건비 70% 지원 (2030년까지 1,000명 확보)	수천억 원의 고정 예산, 특정 집단(교수)에 대한 과도한 특혜 비판	- 교수가 아닌 숙련 기술 명장/기술사 및 퇴직 전문 분야 연구원 전문가를 포함하는 산업계 현장 전문가 그룹 양성으로 재정의 - 이 재원은 기존 흩어진 훈련 예산(내일배움카드 등)을 재배치하여 확보함을 명시(재정 및 특혜 소지 보완)
대기업 인턴십 공동 책임형 인재 육성 협약	시장경제 원칙 위반, 재계의 강력한 반발 (과도한 규제)	- 의무화라는 용어 대신 대기업-중소기업 공동 책임형 인재 육성 협약으로 대체하고, 인센티브(규제 완화 연계)를 강화하여 선택적 의무 효과를 유도(정치적 문제 소지 보완) - 정책 참여 유도 인센티브 패키지 설계 - 단계적 참여 확대(자율 → 조건부 → 성과 기반)

3) 10년 후 대한민국 시나리오

15대 핵심 과제가 성공적으로 실현된 10년 후, 대한민국 **"경제와 사회는 격차"**가 아닌 **"성장"**을 공유하는 완전히 새로운 전환점을 맞이할 수 있을 것으로 예상된다. 이는 대기업이 아닌, "기술력 있는 중소기업의 성공"을 통해 국가의 지속 가능한 성장 동력을 확보했다는 위대한 국가적 반전(Reversal)이다. 더 이상 "대기업 아니면 안 된다"는 비관적인 진로는 존재하지 않는다.

요약하면, 효율적이고 투명한 정책 거버넌스로 일하는 인재 육성을 위한 기관이다. 부처 이기주의라는 악몽이 사라지고, 정책이 효율적으로 집행되는 시대가 열릴 수 있다. 중소기업 인재 혁신청은 교육, 고용, 산업 분야에 흩어졌던 예산과 기능을 완전히 통합하여, 비효율적인 단기 보조금 사업을 전면 폐지하고 오직 중소기업 취업률 및 장기근속 성과에만 예산을 투입하는 성과 기반 시스템을 정착시킬 수 있다. 정책은 현장의 목소리를 즉각 반영하며, 10년 전과 비교할 때 정책 예산의 효율성은 약 50% 이상 향상되는 것을 목표로 객관적 지표를 통하여 증명해야 하고 달성해야 한다. 인재 혁신청은 정부산하 기관의 조직 개편의 성공 모델이자, 정치적 용기가 행정적 효율성으로 승화될 수 있음을 증명하는 살아있는 상징으로 계획되고 또한 구체적인 운영이 뒤따라야 한다. 대기업은 규제 완화라는 강력한 인센티브를 통해 중소기업의 든든한 상생 파트너가 되고, 대한민국 경제의 지속 가능한 성장 모델이 되도록 최선의 노력이 따라야 한다.

6.3 중, 소기업의 획일적 접근 방식 개선

2023년 기준 대한민국 기업 규모별 현황 통계청 기업 통계등록부 기준의 자료를 통해 분석하면, 전체 기업 8,309,696개이고, 이중 중, 소기업은 8,298,915개 99.9%로 전체 기업의 대부분을 차지하고 있다. 대기업 및 기타 기업 10,781개 0.1%이며 중소기업이 아닌 기업(대기업, 공기업 등)으로 조사되었다.

표-36 기업 유형에 맞는 인재지원과 정책 방향

중소기업 유형	인재상 및 필요 지원책	정책 전환 방향
영세 소상공인/ 서비스업(5인 미만)	생존 및 안전망 확보	- DX 교육 바우처 대신 업무 자동화 및 안전관리 전문인력 공유 지원
뿌리 산업/제조업 (숙련 기술)	기술 전수 및 근로 환경 개선	- 미래 성장 매칭 적금 대신 숙련 명장-청년 멘토링 프로그램 적용 및 산업 전문 교수를 통한 기술 전수 집중 지원
혁신 스타트업/IT (성장 잠재력)	혁신 및 글로벌 성장 가속화	- 기술 가치 평가 기반 금융을 통한 폭발적 성장 지원 및 대기업과의 M&A 연계 강화

더 세부 규모별 분류하면, 소상공인(매우 작은 규모) 7,906,861개, 95.3%이고 상시 근로자 1인 이상, 업종별 매출액 및 근로자 수 기준으로 매우 영세한 수준이다. 소기업(소상공인 제외)은 257,015개, 3.1%이고 소상공인 기준을 초과하는 소규모 기업이며, 중기업은 135,039개, 1.6%로 소기업 기준을 초과하는 중규모 기업이다.

총 중소기업 8,298,915개 100.0%으로 소상공인, 소기업, 중기업의 비율을 확인하였다. 중소벤처부에서 발표하는 2023년 기준 약 830만 중소기업을 획일적으로 접근하는 문제점을 해소하기 위해, 중소기업을 유형별로 구분하고 그에 맞는 맞춤형 정책을 제시가 필요하다.

우리 대한민국의 전체 기업 중 99.9%가 중소기업이며, 이 중 95.3%는 영세 소상공인으로 구성된다. 그러나 기존 정책 문서의 주요 대책은 산업기술 전문대학원, 산업계 전문 교수, 성과 공유형 스톡옵션 등 상위 기술 기반 중소기업(약 5%)에 국한되어 적용되는 구조를 갖고 있는 것으로 조사 분석되었다. 이는 문제의 범위(전체 중소기업)와 정책의 적용 대상(기술 중심 중소기업)이 일치하지 않아 정책적 정합성이 약화되는 결과를 초래한다고 할 수 있다.

영세 소상공인의 인력난은 고급 기술 인력 부족이 아니라 최저임금, 4대 보험 사용자 부담, 주휴수당, 고용 비용 증가 등 구조적 비용 요인이 핵심 원인이다. 따라서 전체 중소기업의 문제를 해결하고자 한다면 기술 기반 중소기업을 위한 인재·R&D 중심 정책뿐 아니라 영세기업의 고용 비용 부담을 완화하는 정책군이 반드시 포함되어야 한다.

즉, 기술기업(5%)과 영세기업(95%)은 구조적 문제 원인이 상이하며, 인재 정책 역시 이원화된 전략(High-skill 인재 전략 + Low-cost 고용 안정 전략)으로 설계되어야 전체 정책의 현실성과 균형성을 확보할 수 있다.

영세기업 정책 부재 문제 정리하면, 영세기업의 인력난은 “전문 기술 인력 부족”이 아니라 “최저임금·사회보험료·근로시간 제한 등 고용 비용 부담”이 주요 원인임에도 이를 다루지 않아 현실과의 괴리가 발생한다는 사실이다. 전체 중소기업 대상 정책임을 표방하나 실제로는 기술기업에 편중되어 정책의 정합성이 낮아지는 것으로 조사 분석되었고, 이러한 문제 개선을 위한 방안은 다음 도표로 제시하였다.

표-37 영세 소기업 95%의 침묵 문제

항목	내용
객관적 사실	전체 중소기업 중 95.3%는 영세기업
문서의 정책 대상	상위 5% 기술기업 중심
인력난 원인	기술 인력 부족(상위 5%) / 고용비용 부담(95%)
정책적 문제	문제 범위 vs 해결책의 범위 불일치
실행 가능성	전체 중소기업 정책으로 보기 어려움
개선 방향	영세기업 전용 정책군(사회보험료 지원, 근로시간 유연화, 단기 매칭 플랫폼 등)

표-38 중소기업 분류별 구성 비중 및 주요 인력난 요인

구분	비중	업종 특성	주요 인력난 요인	기존 문서 정책 적용 가능성
기술 기반 중소기업	약 5%	- 제조업·기술 서비스·R&D 기반	- 전문 인력 부족, 기술 인재 유출, R&D 인력 수급 문제	매우 높음
영세 소상공인	95.3%	- 음식점·소매업·서비스업·무점포 자영업	- 최저임금·4대보험 부담, 근로시간 규제, 인건비 상승	매우 낮음
전체 중소기업 (합계)	99.9%	- 다계층·다분야	- 인력난의 원인이 구조적으로 상이함	정책 대상 일치성 부족

표-39 기술기업 중심 정책 vs 영세기업 중심 정책 비교

항목	기술 기반 중소기업(5%)	영세 소상공인(95%)
인력난의 본질	- 고급 전문 인재 부족	- 고용 비용 부담
필요한 정책군	- R&D 인재 양성, 산학협력, 기술교육	- 최저임금 완화, 사회보험료 지원, 단기 인력 공급
기존 문서 정책	- 산업계 교수, 전문대학원, 스톡옵션	- 적용 불가 또는 효과 미미
정책적 위험	- 낮음	- 기존 문서는 반영이 거의 없음
필요 전략	- 기술 인재 육성 전략	- 고용 비용 경감 및 영세기업 맞춤 전략

표-40 현재 정책 구조의 논리적 불균형 분석

문제 항목	내용	영향
정책 대상 불일치	- 전체 중소기업 문제 진단 → 기술기업 대상 해법 제시	정책 정합성 약화
인력난 원인 차이 무시	- 영세기업의 핵심은 비용 부담인데 교육·기술 중심 대책만 존재	정책 현실성 저하
비용 부담 요소 미반영	- 최저임금·4대보험·주휴수당 등 실제 부담 요인 누락	정책 효과성 미흡
균형적 접근 부족	- 고급 인재 전략만 존재, 영세기업 전략 부재	정책 수용성 저하

위와 같은 요소를 정리하면, 단일한 인재 전략은 구조적 현실을 반영하지 못한 상태이며,
기술 인재 전략 + 영세기업 고용 비용 완화 전략의 이원화 "중소기업 인재 정책의 이원화 필요성"으로 요약된다.

전체 중소기업(99.9%)
- 기술 기반 중소기업(5%)
  - 고급 인재 부족 → 교육·R&D 기반 인재 전략 필요
- 영세 소상공인(95%)
  - 고용 비용 부담 → 비용 완화·근로여건 개선 전략 필요

1) M&A 활성화를 위한 구조적 개선 전략 제시

정부는 M&A를 단순 세제 혜택 중심의 경제적 유인에서 벗어나, 문

화·신뢰·제도 인프라를 포함한 종합적 선순환 구조로 확대한다. 창업주 세대의 경영 승계 부담, 대기업 기술 탈취 불신, 낮은 기술 가치 평가 신뢰도 등 한국형 M&A 장벽을 해소하기 위해, "기술 보호형 M&A 가이드라인"을 도입하고, 공정거래 기반을 강화한다.

또한 중소기업을 위한 "공공 M&A 플랫폼", "전용 펀드 및 매칭 금융", "기술평가 전문 기관의 검증" 체계를 연계해 M&A의 투명성과 신뢰성을 높인다.

2) M&A 활성화를 위한 구조적 제도 개선안은 다음과 같이 4개의 유형이다.

① 문화적 장벽 해소, 창업주 대상 Exit 교육·승계 컨설팅

② 기술 탈취 리스크 완화, 기술 보호형 M&A 가이드라인

③ 신뢰 기반 인프라, 중소기업 전용 M&A 플랫폼 구축

④ 금융 접근성 강화, 중소기업 전용 PEF 및 정책금융 도입

이러한 개선안을 통해 기술 경쟁력 제고 및 고용 유지 비율 증가와 M&A 선순환 구조 정착 가능성을 높일 수 있다.

6.4 대기업의 실질적 참여 유인(Incentive) 부족 해소

단순 세제 혜택을 넘어, 대기업이 중소기업과의 상생을 비용이 아닌 미래 투자로 인식하게 중요하여 다음과 같은 방안을 제시한다.

① 규제 완화 연계(Regulator Linkage) 방안

대기업이 인재 공동 육성, 기술 이전, 공급망 안정화 등 상생 협력 활동에서 특정 성과지표를 달성할 경우, 해당 기업에 핵심 규제(ex: 특정 환경 규제, 투자 관련 승인 절차)를 완화해 주는 규제 샌드박스 연계 방안을 제시한다.

② 공공 조달/사업 가점제

중소기업 인재 육성에 기여도가 높은 대기업에 대해 정부 및 공공기관 발주 사업의 입찰 시 가점 또는 우선 참여권을 부여하여 실질적인 경제적 이익을 제공한다.

6.5 조직문화 문제에 대한 피상적 접근 개선

금전적 보상 외의 핵심 문제인 열악한 근무 환경과 경직된 문화를 개선하기 위한 구체적인 비(非)금전적 정책을 보강한다.

① 유연 근무제/워라밸 인센티브 강화

유연 근무제 또는 재택근무를 실질적으로 도입하고 청년층 만족도가 높은 조직문화 혁신 지표를 달성한 중소기업에 대해 정부 지원 사업 선정 시 강력한 인센티브(가점) 또는 추가 정책자금을 제공한다.

② 직장 내 괴롭힘 방지 실효성 강화

고용노동부와 연계하여 중소기업 대상 직장 내 괴롭힘 실태조사 및 감사 시스템을 강화하고, 관련 법규 위반 시 금전적 보상 삭감은 물론, 정부 지원 사업 참여 배제 등의 페널티를 적용하여 기업의 자발적 문화 개선을 유도한다.

6.6 성과 측정 및 환류(Feedback) 시스템 구체화

정책의 객관적 성공 여부를 판단하고 지속 가능성을 확보하기 위해, 정책의 종료 지점(Exit Strategy)과 성과 측정 지표(KPI)를 구체화한다.

① KPI 명확화

단순히 고용률 증가가 아닌, 중소기업의 평균 근속연수 변화율, 중소기업-대기업 간 임금 격차 해소율, 청년층(20~30대) 중소기업 취업자 만족도 지수(ESI) 등 질적 지표를 제시하여 정책의 성공을 증명할 수 있는 객관성을 확보한다.

② 환류(Feedback) 장치

2단계 거버넌스 로드맵에 따라 인재 혁신청이 매년 정책 성과를 평가하고, 비효율적인 사업을 즉시 조정하거나 폐지하는 환류 메커니즘을 명시하여 정책의 투명성과 효율성을 높인다.

6.7 현실적 적용 가능한 정책의 차별화

기존에도 유사한 정책(ex: LINC 사업, TIPS 프로그램)이 있다는 지적에 대해, 제안 정책이 기존 정책과 어떻게 차별화되고 진화되었는지 명확한 설명이 필요하다.

① 채용 연계 계약학과 확대(LINC 사업과의 차별점)

단순히 대학과의 협력을 넘어, 졸업 후 최소 근속 기간 및 이탈 시 지원금 환수 조항을 포함시켜 실제 기업 정착률을 극대화하는 방안을 제시한다.

② 기술 가치 평가 기반 금융(TIPS와의 차별점)

기술보증기금 등 공공 영역을 넘어 민간 벤처캐피털(VC) 및 은행이 기술 가치를 주도적으로 평가하고 투자하도록 유도하는 기술 금융 공동 책임제와 같은 획기적인 모델을 제안하며, 향후 과제는 실행 가능성을 높이기 위한 시장 기반 신뢰 구조 확립을 위한 추가 연구 필요하다.

6.8 인공지능(AI) 인재 육성

2025년 이후 향후 50년간의 미래 산업은 인공지능, 바이오기술, 에너지 혁신, 우주 산업, 인간 증강 기술을 중심으로 급격한 변화를 겪을 것으로 예상되므로 다음과 같은 방향으로 기술 변화가 진행될 것으로 판단된다.

1) 인공지능과 자동화의 확산

AI는 모든 산업에 깊숙이 침투하여 의사결정, 생산, 서비스 제공을 자동화하며, 초지능형 시스템이 인간의 역할을 대체하거나 보완하게 된다.

2) 바이오·헬스케어 기술의 진화

유전자 편집, 합성 생물학, 디지털 헬스케어 기술이 발전하면서 질병 예방과 치료, 인간 능력 향상이 가능해지고, 개인 맞춤형 의료가 보편화된다.

3) 에너지 전환과 지속 가능성 강화

핵융합, 고효율 태양광, 에너지 저장 기술이 상용화되며 탄소중립을 위한 기술들이 산업 전반에 도입되고, 기후 기술이 새로운 성장 동력으로 부상한다.

4) 우주 산업의 상업화

우주 관광, 달·화성 탐사, 위성 인터넷, 우주 자원 채굴 등 민간 주도의 우주 산업이 본격화 되면서 지구 외 활동이 경제 영역으로 확장된다.

5) 인간 증강과 디지털 존재의 등장

브레인-컴퓨터 인터페이스, 사이보그 기술, 확장현실(XR) 등이 인간의 인지와 신체 능력을 확장시키고 디지털 휴먼과 가상 아바타가 사회 활동에 참여하게 된다.

이러한 변화는 산업구조뿐만 아니라 인간의 삶의 방식, 법과 윤리, 교육과 노동의 개념까지 근본적으로 재편할 것으로 판단되므로 이렇듯 다양하고 급변하는 기술 환경에 효율적으로 대처하고 대한민국 중소기업의 지속 가능한 성장과 글로벌 경쟁력 강화를 위해서는 단순한 인재 확보를 넘어, 교육 단계별·지역 균형·산학 협력·평생학습 체계를 포괄하는 종합적 인재 육성 정책이 필요하다. 이를 위해 다음과 같은 다섯 가지 정책 방향을 제시한다.

① 초·중등 단계 AI 기초교육 강화로 학생들에게 인공지능 기초 소양을 체계적으로 제공하고, 교사의 전문성을 높여 미래 인재의 저변을 확대한다. 교육과정 개발과 교사 연수 프로그램을 통해 전국적으로 균형 있는 교육 기회를 보장한다.

② 지역 거점 기반 인재 양성 체계 구축으로 (국립)대학을 중심으로 지역 단위 AI 인재 양성 허브를 마련한다. 중소기업과 연계한 공동 연구·교육 프로그램을 활성화하여 수도권 집중을 완화하고, 지역 산업과의 시너지를 창출한다.

③ 학·석·박사 패스트트랙 제도 운영으로 2025년 11월 정부가 발표한 5.5년 학·석·박사 연계 과정(패스트트랙)을 도입하여 우수 인재가 조기에 산업·연구 현장에 진출할 수 있도록 지원한다. 전문 교수, 석좌교수제 등 최고 숙련 기술자, 최고 수준의 연구 인력이 지속적으로 교육·연구에 참여할 수 있는 제도적 기반을 마련한다.

④ 기업-대학 공동 인재 양성 모델 확대로 지역 및 산업 특성에 맞는 계약학과·대학원 신설을 통해 맞춤형 인재를 공급한다. 산학협력 기반 학위 취득 제도를 정비하여 산업 현장에서 즉시 활용 가능한 전문 인력을 양성한다.

⑤ 재직자·성인 학습자 대상 평생교육 강화로 AI·Digital 재교육 프로그램을 확대하여 기존 인력이 기술 변화에 적응할 수 있도록 지원한다. 평생학습 체계를 강화해 중소기업 경쟁력 제고에 기여할 수 있는 지속 가능한 인재 활용 환경을 조성한다.

⑥ 기술 예측 기반의 인재 수요 분석 체계 구축

향후 50년간의 기술 변화는 예측 불가능성이 높기 때문에, 정부는 산업별·지역별·직무별 AI 인재 수요를 정기적으로 분석·공개하는 체계를 마련해야 한다. 이를 통해 교육기관과 기업이 전략적으로 인재를 육성하고 활용할 수 있도록 지원한다. OECD, WEF 등 국제기구의 기술 예측 모델을 참고하여 국내 산업 구조에 맞는 예측 지표를 개발하는 것이 필요하다.

⑦ AI 윤리 및 책임 교육의 제도화

AI 기술의 확산은 윤리적·사회적 문제를 동반하므로, 인재 육성 정책에는 AI 윤리, 데이터 프라이버시, 알고리즘 책임성에 대한 교육이 필수적으로 포함되어야 한다. 이는 단순 기술 교육을 넘어, 사회적 신뢰를 확보하고 지속 가능한 기술 활용을 위한 기반이 된다. UNESCO와 EU의 AI 윤리 가이드라인을 국내 교육과정에 반영할 수 있다.

⑧ 글로벌 연계 인재 육성 프로그램 확대

AI 분야는 국경을 초월한 기술 경쟁이 치열하므로, 국내 인재가 글로벌 수준의 역량을 갖추도록 국제 공동 연구, 해외 연수, 글로벌 기업과의 협력 프로그램을 확대해야 한다. 특히, 다국적 AI 기업과의 인턴십, 공동 프로젝트, 영어 기반 교육 콘텐츠 제공 등을 통해 국제 경쟁력을 강화할 수 있다.

⑨ 중소기업 맞춤형 기술 이전 및 인재 매칭 플랫폼 구축

중소기업은 AI 기술 도입과 인재 확보에 어려움을 겪고 있으므로, 정부는 기술 이전과 인재 매칭을 지원하는 온라인 플랫폼을 구축해야 한다. 이를 통해 대학·연구소의 기술과 인재가 중소기업에 직접 연결되고, 현장 중심의 기술 확산이 가능해진다. 이는 중소기업의 디지털 전환을 가속화하는 핵심 수단이 될 수 있다.

⑩ AI 인재 육성 예산의 안정적 확보 및 성과 평가 체계 마련

장기적인 인재 육성을 위해서는 안정적인 예산 확보가 필수적이며, 정책의 효과성을 검증할 수 있는 성과 평가 지표가 필요하다. 예산은 단기 사업 중심이 아닌, 10년 이상 장기 계획에 따라 배분되어야 하며, 교육 수료율, 산업 현장 진출률, 중소기업 기술 활용률 등 실질적 성과 중심의 평가 체계를 마련해야 한다.

6.9 종합적 의미

이러한 다층적이고 구체적인 인재 육성 전략은 부처 간 협력체계를 전제로 하며, 정치적 이해관계에 좌우되지 않고, 산업·교육·연구 현장의 실질적 수요를 반영해야 한다. 이를 통해 중소기업의 구조적 한계를 극복하고, 대한민국이 글로벌 AI 및 기술 인재 강국으로 도약할 수 있는 기반을 마련할 수 있다. 또한, 기존의 교육·산학·지역 균형 전략을 보완함으로써, 기술 변화의 불확실성, 윤리적 책임, 국제 경쟁력, 중소기업 현실, 정책의 지속 가능성이라는 핵심 과제를 효과적으로 해결하는 데 기여할 수 있다.

대한민국 중소·중견기업의 지속 성장은 단순한 기술혁신이나 자금 지원만으로는 달성할 수 없다. 산업 생태계 협력, 데이터 기반 경영, 글로벌 인증 대응, 중견기업 육성 전략이 추가되어야 하며, 인재 육성 측면에서는 현장 맞춤형 교육, 조직문화 혁신, 글로벌 인재 확보, 경영자 역량 강화, 다양한 인재 풀 활용이 반드시 보완되어야 한다. 이러한 대안이 병행될 때, 중소·중견기업은 대기업 의존 구조를 넘어 독자적 경쟁력을 확보하고, 대한민국 경제의 지속 가능한 성장 동력으로 자리매김할 수 있다.

참고문헌(References)

1. 산업통상자원부, (2024) 중소기업 기술혁신 및 인재육성 백서
2. 고용노동부, (2023) K-디지털 인재 100만 양성 추진계획
3. 중소벤처기업부, (2025) 중소기업 인재확보 실태조사
4. 한국직업능력연구원(KRIVET) 한국의 산업기술인력 수급 전망 또는 중장년층 기술 재숙련(Reskilling) 정책 방향 연구
5. 과학기술정책연구원(STEPI) 글로벌 인재 허브 실현을 위한 해외 우수 과학기술 인재 유치 방안 연구
6. 한국개발연구원 (KDI) 중소기업 성장의 사다리 구축을 위한 제도 개편 방안
7. 산업연구원(KIET), (2024) 디지털 전환(DX) 대응 인력 수요 분석
8. 고용노동부. (2024) 직업능력개발 훈련 실태조사
9. 한국직업능력연구원(KRIVET), (2024) 직업교육훈련(TVET) 정책동향 보고서
10. KDI. (2023) 인재 유출 및 임금 격차 구조 분석 연구
11. 중소벤처기업부, (2024) 중소기업 인력난 실태조사
12. 김선우, 윤윤규 (2020), 정부 산학연협력 지원의 고용효과 분석, 중소기업연구
13. 문광민 (2018), 정부의 대학 산학협력 재정지원은 효과적인가?, 한국사회와 행정연구
14. 한국과학기술기획평가원(KISTEP), 산학협력 활성화 방안
15. 한국산업연구원(KRIVET), 산학연협력 진흥 종합계획 수립을 위한 기초연구
16. 홍성민, 황은혜 (2023), 과학기술인력정책의 발전과정과 한계, 미래 방향에 대한 제언
17. 한국교통대학교 (2022), 대학의 지역 인재육성을 위한 산학협업 프로그램 사례와 그 시사점
18. (KISTEP) ICT 인재양성 중장기 전략 방안 연구
19. 산업교육진흥 및 산학연구협력촉진법 시행령
20. Park, Han Woo & Leydesdorff, Loet (2009), Longitudinal Trends in Networks of University-Industry-Government Relations in South Korea
21. Han, Junghee & Heshmati, Almas (2013), Determinants of Financial Rewards from Industry-University Collaboration in South Korea, IZA Discussion Paper No. 7695
22. World Economic Forum(WEF). Future of Jobs Report 2025.
23. OECD. (2024) Education at a Glance 2024.
24. OECD. (2023) Wage Structure and Skills Report.
25. ILO. (2023) Skills Mismatch in Labor Markets.
26. UNESCO-UNEVOC. (2024) Global TVET Monitoring Report.

27. World Bank. (2024) Skilling Up for Jobs: Workforce Development in Transition Economies.
28. CEDEFOP(EU). (2024) Skills Forecast 2035.
29. BMWi Germany. (2023) Mittelstand Strategy 2030.
30. US Department of Commerce / NIST. (2024). Manufacturing Workforce Roadmap.
31. MIT Work of the Future Initiative. (2023). Technology, Work, and Workforce Transition.
32. World Economic Forum. (2025) The Future of Jobs Report 2025. Geneva: World Economic Forum. Retrieved from https://www.weforum.org/publications/the-future-of-jobs-report-2025
33. World Economic Forum. (2025) Top 10 Emerging Technologies of 2025. Geneva: World Economic Forum. Retrieved from https://www.weforum.org/publications/top-10-emerging-technologies-of-2025
34. McKinsey & Company. (2025) Technology Trends Outlook 2025. New York: McKinsey Global Institute. Retrieved from https://www.mckinsey.com/capabilities/tech-and-ai/our-insights/the-top-trends-in-tech
35. OECD. (2025) Long-run Economic Scenarios: 2025 Update. Paris: OECD Publishing. Retrieved from https://www.oecd.org
36. WIPO. (2025) Artificial Intelligence Patent Landscape. Geneva: World Intellectual Property Organization. Retrieved from https://www.wipo.int
37. IEEE Spectrum. (2025) Biohybrid Brain-Computer Interface. IEEE Spectrum. Retrieved from https://spectrum.ieee.org
38. Nature. (2025) Wetware: Human Brain Cell Computers. Nature, 625(7987), 45–47. https://www.nature.com
39. Ministry of Science and ICT (Republic of Korea). (2025). AI National Strategy. Seoul: Government of Korea. Retrieved from https://www.msit.go.kr
40. Kurzweil, R. (2025) The Singularity Timeline: 2025 Update. Retrieved from https://robotbuilders.net
41. Kelly, K. (2016) The Inevitable: Understanding the 12 Technological Forces That Will Shape Our Future. New York: Viking.
42. MIT Media Lab. (2025) Future Worlds Research Theme. Cambridge, MA: MIT Media Lab. Retrieved from https://www.media.mit.edu

| 저자 프로필

유형근

- 서울과학기술대학교 정보산업공학 공학박사
- 서울과학기술대학교 ADBL 지도교수 대한민국산업현장 교수
- 동국대학교 국제정보보호대학원 AI보안전공교수
  (AI보안 인증/평가 세부전공)
- 대한민국 명장 컴퓨터 시스템(Micro Computer Unit System) 분야
- 한국위성정보통신학회 회원 활동 및 논문심사위원
- 방위사업청 국산 최첨단 무기체계 개발 기술 원가 검증 전문위원 역임
  (전기/전자 H/W, S/W부분 기술, 원가검증, 개발 업무 공정분석 등)
- 중소벤처부, 산업통상부, 과학기술정보통신부, 한국산학연, 해양수산부 2025.
  현재 국책기술 연구개발사업 기술기획, 전문심사/평가위원
- 고용노동부 2025.현재 대한민국명장, 현장교수, 숙련기술자, 등 기업체 기술지도, 기술교육,
  컨설팅, NCS기술자문, 평가, 교재집필 등
- 산업인력공단, 행정안전부(KPC) 2025.현재 국가기술자격시험 및 국가,
  지방공무원 시험출제/검토 전문위원, NCS기술자격출제, 검토, 면접, 채점 등

전문도서 집필

- 스마트 팩토리 바이블(Smart Factory Bible) 2022년 대한민국 우수학술 도서 선정
- 4차 산업시대 역량 강화를 위한 생성형 인공지능과 산업 자동화 2024년
- 인공지능 보안 및 산업 인증(산업 발전의 전략과 인재 양성) 2025년

혁신의 엔진,
중소기업의 위기와 구조적 대전환과 인재 육성

초판 1쇄 인쇄 2025년 12월 30일
초판 1쇄 발행 2025년 12월 30일

지은이 유형근
펴낸이 이재홍
펴낸곳 도서출판 영인미디어
판매처 엠에스북스

주소 경기도 고양시 일산서구 일현로 97-11, 106동 2401호(탄현동, 일산 위브더제니스)
전화 02 323 8534 팩스 031 948 0860
이메일 yimedia@naver.com
ISBN 9791188258314(03320)
정가 15,000원